Jakob Lorber

Licht und Ton - geistige Elemente

Naturgeistige Offenbarungen

Buchreihe

DAS WELTBILD DES GEISTES

Band 4

1977

LORBER-VERLAG · BIETIGHEIM / WÜRTTEMBERG

Herausgegeben von Viktor Mohr

ISBN 3874951049, 5.—10. Tausend
 · Lorber-Verlag, Bietigheim-Württ.
Druck: Lorber-Verlag, Bietigheim.

INHALT

Die Buchreihe

DAS WELTBILD DES GEISTES

dient der Verbreitung der Neuoffenbarungswerke Jakob Lorbers in einer die bisherige Herausgabe ergänzenden Form. Wenngleich nur die Kenntnis des Gesamtschrifttums dieses begnadeten Mystikers des 19. Jahrhunderts zum profunden Verständnis seiner Gott, Weltall und Menschheit umfassenden Geistlehre Jesu Christi hinzuleiten vermag, liegt dennoch in weiten Kreisen das Bedürfnis vor, bestimmte Teilgebiete dieses Geistesgutes in gedrängterer Form studieren zu können. Dies bezieht sich insbesondere auf solche Darstellungen, die Lorber durch das innere Wort über die geistigen Grundlagen der Natur, das verborgene Wesen des Universums, sowie über den Menschen als Bindeglied von der Naturwelt zur göttlichen Geistessphäre empfing.

Vielen Wahrheitssuchern der Gegenwart ist — bedingt durch den gewaltigen Umfang des Lorberwerkes — die völlige Durcharbeitung seines gesamten Schrifttums unmöglich geworden. Der Verlag hat sich daher mit der neuen Buchreihe „Das Weltbild des Geistes“ die Aufgabe gestellt, jedem einzelnen Bande ein bestimmtes Thema zugrunde zu legen, dessen Erläuterungen sich oftmals in verschiedenen Lorberbüchern verteilt vorfinden und hier erstmalig zu einem geschlossenen Ganzen zusammengefaßt erscheinen.

Mit Ausnahme eines einführenden Kurzkommentars und ev. Hinweisen des Herausgebers folgen diese Bände genau dem Texte des Originals. Dabei wurde jedoch versucht — ohne dem geistigen Sinn im geringsten Abbruch zu tun — eine der heutigen Zeit entsprechendere Lesart des zuweilen veralteten

Sprachstils Lorbers zu erzielen. Damit wird einer Forderung Rechnung getragen, den einmaligen Geistesschatz des Neuoffenbarungswerkes auch dem modernen Leser in der Denkweise und Sprache unserer Zeit neu zu erschließen.

Viele neue Erkenntnisse hat die Menschheit seit dem schriftlichen Wirken Lorbers (1840—1864) durch den Siegeszug einer Naturwissenschaft gewonnen, deren materialistisches Weltbild nun langsam zu wanken beginnt. Möge das ewige Weltbild des Geistes, wie es uns das inspirierte Schrifttum Lorbers vermittelt, den wahren Wesenskern allen errungenen Menschenwissens so leuchtend offenbaren, daß im kommenden Zeitalter Religion und Wissenschaft — Baum des Lebens und Baum der Erkenntnis — wieder vereint zu den beiden Zeugen der göttlichen Liebe und Schöpfungsweisheit heranwachsen!

Der Herausgeber

Vorwort

Wenn im Band 2/3 dieser Buchreihe („Der Kosmos in geistiger Schau“) das große Schöpfungsthema *„Licht“* nur kurz gestreift werden konnte, so will nun die nachfolgende Schrift dieses Thema näher beleuchten und seine hohe Bedeutung in der Symphonie des Lebens dem Leser vor Augen führen. Daß in diesem Bande auch die Welt des *Tons* zu Wort kommt, geht folgerichtig daraus hervor, daß beide Erscheinungsformen des Äthers sind; aber auch darum, weil Sehen *und* Hören jene überragenden Sinneseindrücke darstellen, auf denen sich das Weltbild des Erdenmenschen aufbaut.

Licht und Ton sind die beiden Kräfte, ohne die sich uns die Welt und ihr darin waltendes Leben nicht offenbaren könnte. In den überaus kunstvollen Organen des Gesichtes und Gehörs formte der Geist die materiellen Mittel, um auf dem Wege der sinnlichen Wahrnehmung Dinge zu erfassen, die letzten Endes reingeistiger Natur sind. Um zu dem Urquell alles Geschehens zu gelangen, muß der Mensch mehr tun, als sich nur mit der Feststellung äußerer Tatsachen begnügen. Er muß sich mit geistigen Organen an das innere Wesen der Schöpfung herantasten und den Wahrnehmungen seiner Umwelt einen metaphysischen Sinn abgewinnen. Aus dem bloßen Sehen muß ein Schauen, aus dem Hören ein Horchen erwachsen. Dann wird der Mensch erst transparent für geistiges Licht, und die Stimme der Stille wird als das innere Wort zu ihm sprechen und ihm künden von der Liebeweisheit eines Schöpfungsplans, in dessen Zentrum ihn Gott selbst gestellt hat.

Noch steht die Menschheit erst am Beginn einer Entwicklung, die zur Entfaltung ihrer latenten göttlichen Kräfte führen wird. Bisher vermochte sie zwar die Verstandeskräfte in erstaunlichem Maße hochzuzüchten, nicht aber die höhere Gabe der Intuition und Inspiration zu erwecken. Ohne die Erleuchtung durch den „heiligen Geist“ aber bleibt der Intellekt wie ein blinder Spiegel, der auch bei hellstem Lichte nichts wiederzugeben vermag. So sind auch — aus dem Blickfelde des Geistes gesehen — alle Findungen der materialistischen Naturwissenschaft über das Licht nichts anderes als bloße Theorien, die am Kern der Sache vorbeigehen und sich in Vermutungen erschöpfen. Es ist bezeichnend, daß gerade über das Lichtproblem nicht weniger als drei Haupttheorien einander gegenüber stehen, von denen eine jede jeweils nur einen Teil der exakten Experimentalergebnisse zu begründen vermag, während sie bei anderen Tatsachen versagen.

Die Physik weiß nur zu lehren, daß das Licht „eine Energieform“ darstellt und die Ursache der Sichtbarkeit der Körper sei. Über das Wesen des Lichtes wurden bisher folgende Theorien aufgestellt:

a) nach der Emissionstheorie von *Newton* besteht das Licht aus einem feinsten Stoff, der in winzigen Teilchen (Korpuskeln) von der Lichtquelle ausgeschleudert wird;

b) die Wellentheorie von *Huygens* lehrt, daß das Licht eine transversale Wellenbewegung (Undulation) eines den ganzen Raum erfüllenden hypothetischen Lichtäthers ist;

c) die elektromagnetische Lichttheorie *Maxwells* (heute am meisten anerkannt) besagt, daß das Licht durch außerordentlich raschen Wechsel der Größe und Richtung eines elektrischen und magnetischen Feldes im Raume entsteht.

In neuerer Zeit hat es sich gezeigt, daß das Licht (angeblich!) eine merkwürdige Doppelnatur besitze, indem es sich bei bestimmten Erscheinungen wie ein Wellenvorgang verhält, bei anderen hingegen wie ein Strom bewegter, sehr kleiner Teilchen, der sogenannten Lichtquanten. —

In kritischer Weise nimmt zu diesen Widersprüchen Stellung eine Schrift des Naturwissenschaftlers Dr. Wilhelm *Martin:* „Durch Grundlagenforschung zu neuen Erkenntnissen über das Wesen des Lichtes und zu einer vollkommenen Lösung des Lichtproblems“ (Turm-Verlag, Bietigheim/Württemberg). Der Verfasser, der aus geistigen Gründen die richtige Auffassung von der wahren Substanz des Äthers vertritt, gelangte zu folgenden Ergebnissen:

„Das *Photon* (Lichtkörperchen) ist eine selbständig laufende Mikro-Weltraumrakete, die ihre Laufenergie im Frequenzrhythmus dem Ätherfeld entnimmt." — Diese neue Erkenntnis bringt für alle Lichttatsachen voll verständliche Erklärungen, ohne daß man die wirklichkeitsfremde Annahme eines Übergangs von Korpuskel in Welle zu machen braucht. Ihre Beweiskraft liegt auch darin begründet, daß sie eine Fülle weiterer Erkenntnisse für die Nachbargebiete erschließt, so z. B. auch das Geheimnis des elektrischen Stroms entschleiert. Die neuen Erklärungen sind einfach und übersichtlich und bedeuten für Naturforscher und Studierende eine Fundgrube von neuem Wissen, das zum Ausgangspunkt geistiger Betrachtungen dienen kann.

Was nun Dr. Martin naturwissenschaftlich exakt erarbeitet hat, findet eine Bestätigung und vertiefte Begründung in den grandiosen Neuoffenbarungswerken, die Jakob *Lorber* durch das innere Wort vermittelt erhielt. Um aber die Größe seiner Schilderungen richtig zu werten, müßte man zuvor den Menschen zurufen: Werfet alle eure materiellen Begriffe von toten Naturkräften und unbeseelten Schöpfungsgebilden weit von euch und schließet euch auf, dem Weltbild des Geistes zu folgen, das in überzeugender Weise einen Einblick gibt in das innere Walten der Natur, wo selbst das kleinste Atom von ewig unzerstörbarem *Leben* Kunde gibt!

Und so ist auch das Licht nichts anderes als die sinnfälligste Offenbarung vom tätigen Wirken der Äthergeister, die den unendlichen Raum des Weltalls erfüllen und nach dem Willen des Schöpfers die Kontinuität des Lebens im gesamten Universum aufrechterhalten. In ihrem Zusammen- oder Gegeneinanderwirken mit den naturgeistigen Wesenheiten aller Sonnen, Erden und sonstiger Weltkörper schaffen sie die Formen aller Lebensgebilde. Das Licht aber, als Äußerung ihrer Tätigkeit, ist der geistesschnelle Vermittler, der als anregender Faktor überall dort neues Leben erweckt, wo sich die göttlichen Ideen zu gestalten und zu verkörpern trachten.

Das irdisch sichtbare Naturlicht ist nur ein Widerschein, ein Abglanz und Gleichnis für das dahinter waltende *geistige* Licht, das von Gott seinen ewigen Ausgang nimmt. Immer wieder kommt das Lorberwerk auf diese Ur-sache alles Seins zurück, aus der allein alle realen Tat-sachen der Schöpfung deutbar sind. Jeden, der geistig zu sehen und zu hören versteht, mag wohl dabei das Urwort der biblischen Schöpfungsgeschichte, der Genesis des Mose zu tiefem Nachsinnen anregen: „Und Gott sprach: Es werde Licht! (Jehi our!) Und es ward Licht" ... Wie fest ist doch dieses Wort UR in unserer Muttersprache verankert, wo es stets auf einen tiefsten Grund und ersten Anbeginn hinweist, der allem Folgenden voranging.

Es ist das Geistfeuer Gottes, das das Licht emaniert als die große Offenbarung Seiner Werke. So ist Feuer und Licht wesenseins, und es ist eines der Geheimnisse ursprachlicher Schau, daß das Wort „Phe" Offenbarung *und* Feuer zugleich bedeutete. In letzterem Sinne bewahren es noch viele alte und neue Sprachen. So z. B. chinesisch fô, griechisch phos, französisch feu und deutsch Feuer: das feu mit dem Erregungslaut R verbunden.

Und wieder ist es nicht von ungefähr, wenn sich im Altgriechischen für den Begriff „Laut, Stimme" das Wort phonē vorfindet, das mit dem phos (Feuerlicht) ebenso wesensverwandt ist wie das Licht mit dem Tone selbst. Beide sind Offenbarungen des Lebens im Äther — ein Bewegungsvorgang, hervorgerufen durch die Vibrationen seiner geistigen Potenzen. Für unsere irdischen Sinne sind Licht und Ton nur durch ihre verschiedenen Schwingungszustände als ein Unterscheidbares wahrnehmbar. Aber schon in den feinstofflichen Sphären bilden beide Erscheinungsformen nach übereinstimmenden Berichten aller echten Seher ein Phänomen, das wie eine Einheit wirkt. Auch auf Erden gibt es Menschen, die Farben gleichzeitig als Töne, und Töne als Farbnuancen zu empfinden vermögen. Dies ist auch der wahre Grund, warum unsere musikalische Tonleiter „chromatisch" (von griech. chromos = Farbe) benannt wurde.

In den Darstellungen Lorbers über die Welt des Tons finden wir eine geistige Begründung dieses merkwürdigen Umstandes. Denn Farben entstehen durch verschiedene Reflexe des Lichtes, das von Formgebilden zurückgestrahlt wird, und Töne erzeugen durch die Schwingungen ihrer Klangkörper gleichfalls *Formen* ätherischer Art. Man erinnere sich dabei an die von der Physik nachgewiesenen Tonformen, die sich als die sogenannten „Chladny'schen Klangfiguren" bilden, wenn man eine dünne Metallplatte mit Kolophoniumstaub bestreut und sodann mit einem Geigenbogen anstreicht. Was hier in der zähen Grobmaterie nur unvollkommen erscheinen kann, ist eine schwache Andeutung jenes wundervoll geometrischen Formenreichtums, der in der feinstofflichen Äthersubstanz durch Tonschwingungen — als ein Erzittern der eingeschlossenen Naturgeister — hervorgebracht wird.

Dieser Wille zur Formbildung, angeregt durch die Frequenzen von Licht und Ton, ist somit reingeistiger Natur und ist das Werk der in Materie eingehülsten Intelligenzen. Denn es gibt keine Form, d. h. kein Körpergebilde, das nicht Träger eines ihm innewohnenden Geistesfunkens wäre. Je komplizierter die Form, umso mehr dürfen wir auf das Zusammenwirken ganzer Geisterverbände schließen. Diese sind es, die ihrem zeitlichen Wohnhaus in allen drei Naturreichen — Mineral, Pflanze, Tier, aber auch im Menschenkörper, der alle drei Reiche in sich trägt — die ihm jeweils eigentümlichen physikalischen und chemischen Eigenschaften und Reaktionen verleihen. Darum sprach schon *Paracelsus,* der große Seherarzt des Mittelalters, vom „Elementarleib" des Menschen, und bei *Lorber* finden sich ebenfalls zahlreiche Erläuterungen zu diesem Thema.

So wäre der Mensch nicht der Aufnahme des Lichtes fähig, würde sein Auge nicht aus lichtverwandten Geistsubstanzen gebildet sein. Und er wäre nicht stimmbegabt, d. h. des Ausdrucks höchst komplizierter Tongebilde fähig, würde ihn nicht die geistige Organisation seines gesamten Sprechapparats dazu tauglich machen. Nimmt der Mensch mit dem Sehorgan Gegenstände „in sich auf", so setzt er sich dadurch auch mit dem inneren Wesen dieser Dinge in Verbindung, freilich ohne daß es heute noch seinem tagwachen Denken zum Bewußtsein kommt. Und ist nicht der *Ton* der Sprache das, „was die Musik macht"? Was eine innere Verbindung zum Mitmenschen herstellt und durch die modulierten Tonschwingungen seiner Worte die feinsten Seelenregungen zu übertragen vermag? So bilden Sprache und Musik den offenkundigen Beweis dafür, daß ihre Wurzeln tief in einer Geisteswelt ruhen, deren Wesen dem modernen Menschen so fremd geworden ist, daß er ihr Wirken in sich nicht mehr zu deuten imstande ist. Aber alles Verschüttete ist wieder freizulegen, alles Schlummernde wieder zu erwecken, vollzieht der Erdenmensch die große „Metanoia", die Hinwendung zum „Über-Ich", dem göttlichen Erbteil in seiner Menschenbrust . . .

Wenn die Naturwissenschaft unserer Tage schon im kleinsten Baustein der Materie, im *Atom* eine ungeheure Bewegung als regste Energie pulsierenden Lebens feststellen konnte, so müßte jedem aufgeschlossenen Forscher eines nicht mehr schwerfallen: den nächsten Schritt zu tun und eine Brücke von seinem Denken zu jener Geisteswelt zu schlagen, von der die folgenden Ausführungen ein so beredtes Zeugnis ablegen. Nicht eine Zertrümmerung wissenschaftlicher Erkenntnisse wird die Frucht sein, sondern eine Durchgeistigung des gewonnenen Forschungsgutes und damit eine unermeßliche Bereicherung all derer, die sich dem Lichte des Geistes zu öffnen bereit sind. Möge daher auch dieses Bändchen nicht nur das Weltbild solcher Leser festigen, deren innere Einstellung sich schon lange dem verborgenen Wesen der Dinge zuneigt. Möge es auch andere Sucher der Wahrheit auf den einzigen Weg führen, der sie den Grundton empfinden läßt, der allein dem Menschenleben Harmonie und Frieden zu verleihen vermag!

Der Herausgeber.

VOM WESEN DES LICHTES

...Mit dem Thema „Licht“ ist auch die spezielle Frage nach Ursprung und Entstehung des Sonnenlichtes als unserer Hauptlichtquelle verbunden. Die diesbezüglichen Darstellungen Lorbers sind hier nur auszugsweise wiedergegeben, da sie bereits in Bd. 2/3 dieser Buchreihe Aufnahme fanden. Ebenso sei zur Theorie des Sehprozesses auf Band 1 der Weltbildreihe verwiesen. Die nachstehenden Ausführungen sind im wesentlichen dem „Gr. Evangelium Johannis“, den Lorberschriften „Die natürliche Sonne“ und „Die Fliege“, sowie G. Mayerhofers „Schöpfungsgeheimnissen“ entnommen. D. Hg.

Einleitung

„Alles, was immer ihr materiell erblickt und betrachtet, ist im Grunde Reingeistiges. Nur könnt ihr dieses nicht schauen, weil ihr noch nicht in der geistigen Polarität steht. Werdet ihr euch jedoch einmal darin befinden, dann wird sogleich die entgegengesetzte Erscheinung eintreten: Ihr werdet sodann nur Geistiges schauen. Alles Materielle aber werdet ihr euch so hinzudenken müssen, wie jetzt das Geistige zur Materie. Wundert euch darum nicht, wenn ihr im Verlaufe dieser Mitteilungen hie und da auf Punkte trefft, die euch noch nicht allzu klar erscheinen. Dazu müßt ihr erst ganz aus der Materie in den Geist übertreten. Dann werdet ihr erkennen: Das Geistige eines Dinges ist die Wahrheit!

Der reine Geist als Stoff und Element ist ein Feuer und ein Licht, oder in sich Liebe und Weisheit. Doch sollt ihr euch darunter kein materielles Feuer und keine sinnliche Liebe vorstellen, also auch kein Licht wie etwa das der natürlichen Sonne, obwohl zwischen beiden eine Entsprechung (Analogie) besteht. Das Feuer des Geistes ist pures Leben und das Licht des Geistes ist seine Weisheit.“ (Gr. Ev. Joh.)

Ursprung des Lichtes

Der Mittelpunkt jeder Hülsenglobe (ein Universum aus zahllosen Milchstraßensystemen) ist eine endlos große Urzentralsonne, die allein selbstleuchtend ist. Sie wird auf ihren unmeßbaren Flächen immerwährend von intensivst leuchtenden Feuerflammen umgeben, die von der regen Tätigkeit der Urgeister herrühren, welche von hier ausgehen und wieder dahin zurückkehren. Dennoch besitzt jede einzelne Sonne aus dem Bereiche der ihr innewohnenden Geistwesen ein *Eigenlicht,* jedoch bei weitem nicht von jener Stärke, wie ihr das Licht der Sonne erblickt. Auf jedem Sonnenkörper gibt es eine Menge von Vulkanen, welche durch ihre Tätigkeit die Luftatmosphäre zur Aufnahme des Lichtes von Milliarden anderer Sonnen stets fähig erhalten. Der strahlende Lichtglanz der Sonne, wie sie von den Planeten aus erscheint, ist nichts anderes als zuerst eine Aufnahme aller Strahlen ebendieser Sonnenwelten, die sich auf der weitgedehnten Sonnenoberfläche jede für sich abspiegeln.

Da zuvor vom Eigenlicht einer Hauptzentralsonne als einem *Flammenlicht* gesprochen wurde, soll hier der Grund des *Leuchtens* überhaupt kurz erläutert werden. Wird eine geistige Kraft, verborgen unter ihrer Einhüllung (Körperform) durch Stoß, Druck oder andere Umstände angeregt, so gerät sie dadurch außer ihre festgesetzte Ordnung. Sie sucht sodann ihre frühere Lage wiederherzustellen, oder wenn sie zu sehr erregt wurde, ihr ganzes Organ zu zerreißen, um sich von ihrer Hülle zu befreien. Und eben diese Vibrationen der *geistigen* Kräfte innerhalb der sie umschließenden Hüllen geben sich dem Auge als mehr oder weniger intensives Leuchten kund.

Wenn nun das Volumen einer Urzentralsonne für eure Begriffe unfaßbar ist, wird da nicht auch das Gewicht ihrer Materie einen unbegreiflich schweren Druck gegen ihren Mittelpunkt ausüben? Aus diesem Grunde ist die Zentralsonne überfüllt von den größten feuerspeienden Vulkanen, von denen der kleinste einen Durchmesser besitzt, daß in seinem Krater mehr als dreißigtausend Millionen eurer Sonne Platz hätten. Denkt euch somit die ganze ungeheure Hauptsonne mit den allerstärksten *Lichtflammen* überzogen und urteilet danach, wie weit wohl ihre Strahlen als Ausflug freigewordener Geister reichen mögen. Daraus könnt ihr ersehen, wie eine solche Sonne gar wohl ein allgemeiner Leuchter für den ganzen Sonnenweltenbereich einer Hülsenglobe sein kann. Und daraus geht auch hervor, auf welche Weise eine jede kleine Planetarsonne samt ihren Planeten von sich aus ein zusätzliches Eigenlicht entwickeln kann (durch geistige Vibrationen. D. Hgb.), dessen Eigenart und Stärke sich allzeit nach der Größe des Weltkörpers und seiner Schwerkraft richtet ...

(Umdrehung und Umlauf der Sonne erregen durch Reibung auch die geistigen Potenzen des Äthers, deren Entflammung sich gleichfalls in der reinsten Sonnenatmosphäre widerspiegelt:)

... Das, was ihr als Sonnenlicht erblickt, ist das Erstrahlen ihrer atmosphärischen Oberfläche, das auch durch den Umschwung der Sonne um ihre eigene Achse, wie durch ihre schnelle Bewegung um eine weitentfernte Mittelsonne (Sirius) bewirkt wird. Dieser Lichtglanz ist daher in einem sehr erhöhten Maße dasselbe, was das Leuchten des Blitzes darstellt, wobei jedoch auf der Luftoberfläche der Sonne die Entwicklung solcher Blitze millionenfach stärker und ununterbrochen vor sich geht ...

Das Licht, wie es im Raume und in der Zeit in Erscheinung tritt, darf weder als etwas ganz Materielles, noch als etwas nur Reingeistiges betrachtet werden. In seiner beiderseitigen Verbindung ist es als eine Polarität anzusehen, wobei der geistige Teil den positiven und der stoffliche Teil den negativen Pol bildet. Diese Polarität (Gegensätzlichkeit) ist so gestellt, daß das Innere den positiven und das Äußere den negativen Pol ausmacht. Wie aber treten ihre aufeinanderwirkenden Kräfte als *Licht* in Erscheinung? Wer mit einem gehärteten Eisen über einen Feuerstein streicht, wird der Stelle sogleich eine Menge sprühender

Funken entfahren sehen. Diese Funken waren Licht aus dem Eisen, von welchem kleine Teile abgeritzt wurden und sich dadurch entzündeten, da die in den Poren des Eisens eingeschlossenen kleinen Luftteilchen dem Druck nicht ausweichen konnten. Warum aber entzündet sich gepreßte Luft und was ist das Wesen des Leuchtens bei diesem Akte? Die Luft ist der materielle Leib der in ihr eingeschlossenen *Naturgeister.* Die Physiker würden es zwar lieber hören, wenn hier statt von Geistern von Naturkräften gesprochen würde. Wer aber auf den Grund gehen will, nimmt statt der Eigenschaft das damit behaftete Wesen selbst, und das ist stets der Geist oder in der Vielzahl die Geister.

Da der Geist, wie oben erwähnt, eine positiv-polare Kraft ist, strebt er stetig nach vollster Freiheit. In gebundenem, d. h. von einer Materieform umschlossenen Zustand verhält sich ein Geist nur so lange ruhig, als er von der ihn umgebenden negativ polaren Hülse keine ungewöhnliche Beeinträchtigung erfährt. Erleidet er jedoch von außen her irgendeine Beengung (Druck), so wird der eingehülste Geist sofort aus seiner gewohnten Beschränkung erweckt. Er gibt dann sein Dasein durch ausgedehnte Bewegungen (Vibrationen) kund, was sich durch das bekannte Leuchten eines Objektes zu erkennen gibt.

Ein Beispiel aus der seelischen Sphäre für den Grund des Leuchtens soll die Sache anschaulicher machen: Wenn ein Mensch voller Hochmut und Stolz einen derben, ihn demütigenden Stoß erhält, wird er sofort über die Maßen in Zorn geraten. Er bebt am ganzen Leibe und seine Augen werden glühend, als wäre hinter ihnen ein Feuerherd. Auch vermag ein solches Grimmfieber oft zahllose andere Menschen mitzureißen, wofür Kriege und Revolutionen klares Zeugnis geben. Wer diesen inneren Zustand betrachtet, dem muß auch das naturmäßige Glimmen, Leuchten und Brennen verständlich werden. Denn die in der negativen Polarität eingekerkerten Naturgeister geraten durch Stoß oder Druck ebenfalls in eine Art von zorniger Ergrimmung, die da ist ein Innewerden ihrer Gefangenschaft. Dadurch aber erwacht in ihnen eine große Begierde, sich auszudehnen und von ihrer Einschließung freizumachen.

Indem aber die Umhüllung eines jeden Geistes so beschaffen ist, daß sie bis zu einem gewissen Grade zwar ausdehnbar, jedoch unzerstörbar ist, so dehnt sich der freiheitsuchende Geist darin zwar so weit aus, als es nur möglich ist. Da er jedoch nicht gänzlich durchzubrechen vermag, zieht er sich schnell wieder zurück, versucht jedoch immer wieder, mit erneuter Kraft seine Hülle zu zerreißen. Solche Akte vermag mancher Geist oft vieltausende Male in einer Sekunde zu wiederholen. Die Folge seines wachsenden Zornes ist, daß nahestehende, noch ruhige Geister seiner Umgebung dieses Grimmfieber wahrnehmen, indem sie an ihrer äußeren Hülle zu einem Mitfiebern (Vibrieren) erregt werden. Solches Geschehen kann sich äußerst schnell fortsetzen, da die negativ-polaren Umhüllungen der Geister, aus denen die Luft eigentlich besteht, sehr knapp aneinander liegen.

Eben diese schnellsten Schwingungen jener Geister sind es, die vom Auge der Menschen und Tiere als das wahrgenommen werden, was „Leuchten“ genannt wird. Das Auge ist dazu eingerichtet, selbst die allerleisesten solcher Schwingungen aufzunehmen, weil auch das Auge zur Hälfte materiell, zur anderen geistig beschaffen ist. Es hat mit dem Lichte die gleiche Polarität und kann daher alles ihm Verwandte aufnehmen und bewußt empfinden. Wenn auf die beschriebene Weise irgendeine geistige Polarität in sich erbrennt, findet dabei immer ein Akt der Beleuchtung statt als ein Mitergriffensein jener Geister, die sich in der Nachbarschaft befinden. (Kettenreaktion! D. Hg.) Je nach der Größe und Heftigkeit ergreift diese Erregung nähere oder weitere Distanzen und setzt sie zuweilen in einen sehr beträchtlichen Mitfieberzustand, was sich dann in einem umso stärkeren Leuchten kundgibt.

Das Sehen, d. h. Wahrnehmen beleuchteter Gegenstände durch das Auge ist ein durch die materiell-feste Form eines Gegenstandes bewirkte Verhinderung der erwähnten Fortpflanzung. (Der Gegenstand steht dem Weiterdringen des Lichtes entgegen!) Oder sie ist die verdoppelte Rückkehr von irgendeinem Objekte, von dem sie einen Gegenstoß (Reflex) erhielt. Was das Licht der *Sonne* betrifft, so ist es dem Wesen nach mit dem erklärten

Leuchten eines Funkens gleichartig. Nur mit dem Unterschied, daß dieses *weiß* strahlende Licht dem Erbeben der *Liebe* fast auf dieselbe Weise entstammt wie das *rötliche* Brandlicht dem Beben des *Zornes*. Und weil das Licht der Sonne eine Äußerung der Liebetätigkeit darstellt, ist auch dessen Fortpflanzung eine andere als jene, die der Erregung des Zornes entspringt . . .

Auf die Frage nach der *Herkunft* des Lichtes antwortet die Naturwissenschaft: Das Licht entstammt der Sonne, die ein feuriger Glutball (?) ist und die im Verbrennungsprozeß in ihrer Außenatmosphäre Licht und Wärme entwickelt, selbe ihren Planeten und Kometen zustrahlt und damit Leben, Entwicklung und Bestehen aller Naturformen verursacht. Auf die Frage jedoch, *was* das Licht eigentlich ist und woher seine festgestellten Eigenschaften stammen, gibt es Meinungen verschiedenster Art. Alle diese sind jedoch nur Hypothesen, denen die Gewißheit fehlt, weil eine Untersuchung des wahren Wesens des Sonnenlichtes außerhalb des Bereiches materieller Möglichkeiten liegt. Um wieviel mehr noch die Beurteilung des Lichtes anderer, größerer Sonnen, die — Billionen Meilen entfernt — in ihrer Gesamtheit ihr Licht darleihen, um ihren Glanz auf Millionen von anderen ihnen unterstellten Welten zu verbreiten und damit auch eure kleine Planetarsonne zu erleuchten, die euer natürliches Leben gewährleistet. —

Sonnenlicht — eine geistige Emanation

(Zum tieferen Verständnis dieser, wie der folgenden Ausführungen ist das Studium des Bandes 2/3 „Der Kosmos in geistiger Schau“ empfehlenswert. D. Hg.)

... Die Sonne für sich ist ein Planet in vollkommenem Zustand und alle Planeten ihres Systems sind nur Trabanten dieses Großplaneten. Das außerordentliche Licht, das die Sonne umgibt, rührt von der Liebefreude der die Sonne durchdringenden und umgebenden Geister her. Es gibt dort — entsprechend den sieben göttlichen Grundeigenschaften — auch sieben verschiedene Geistergattungen, deren Wesen miteinander gemeinschaftlich das weiße Licht dieses Großplaneten bedingt. Auch die Farben des Regenbogens geben euch diese Ordnung zu erkennen. In ihrer inneren Sphäre ist die Sonne ein Sammelplatz der siebenfachen Lichtgeister. Darunter sind solche, die von der Sonne aus zur Prüfung in die Planeten hinaus versetzt werden, und solche, die als vollendet zurückgekehrt sind. Die erst noch zu vollendende Klasse jener Geister bildet des Sonnenkörpers *inneren* Gehalt, die schon zur Vollendung gediehenen der Sonne *äußere* Lichtumhüllung.

Eben diese Geister sind es, die durch ihre Liebe und Wonne das strahlende Leuchten der Sonne bedingen. Was die Fortpflanzung dieses Lichtes betrifft, so ist selbe das Werk der noch zu vollendenden Geistwesen, die sich noch immerwährend von der Sonne entfernen müssen. Sie durcheilen den weiten Weltenraum und durchdringen und erregen dabei den *Äther*, der gleichfalls ein geistiges Wesen darstellt, das sich zu allen Planeten positiv-polar, den Sonnen gegenüber aber negativ-polar verhält. Den Äther selbst bilden äußerst friedliche und reine *Geister.* Wären sie das nicht, wie schwer hätten es alle Weltkörper auf ihren Wegen um die Sonnen! Durch die Nachgiebigkeit der Äthergeister aber findet an ihrem Dasein nichts irgendein Hindernis in seiner Bewegung. Damit ist auch die ungeheure Geschwindigkeit des Lichtes und die rasche Fortpflanzung des Sonnenleuchtens bis an die Grenzen ihrer Weltenräume erklärt.

Auf die Frage: „Was treibt die noch unvollendeten Sonnengeister der ersten Art hinaus als das uns wahrnehmbare Licht?“ sei euch die Antwort gegeben: Es ist der göttliche Wille und die Ordnung der Schöpfung, wonach diese aus der Sonne wandernden Geister zwar eine positiv-polare Sättigung besitzen, jedoch vom Grunde aus für sich noch negativ-polarer Natur sind. (Die Ursache liegt in der Urschöpfung und dem Fall der Geister. D. Hg.) Und so können diese atomischen Wesen so lange in der Sonnenmaterie verbleiben, als sie diesen negativen Charakter beibehalten. Nehmen sie jedoch allzu gierig eine Lichtsättigung aus dem positiven Polgebiet der Sonnengeister an — womit sie sich dem Wesen des Lichtes nach dann nur noch wenig von den eigentlich positiv-polaren, vollendeten Sonnengeistern unterscheiden —, so werden sie sogleich zur Tätigkeit in die weiten Räume entlassen.

Es sind also die hinausgetriebenen Lichtgeister, die das euren Augen materiell sichtbare Licht der Sonne bilden. Fällt dieses auf einen Weltkörper, so teilt es sich diesem dem *positiven* Teile nach mit, welcher die noch fortdauernde Liebebebung (Vibration) der vollkommenen Geister ist. Dem negativen Teile nach aber werden, besonders bei Annäherung an einen Weltkörper, diese ausgehenden atomischen Wesen bald ihres positiven Teiles ledig und kehren dann als antipolare Wesen wieder zur Sonne zurück. Das ist der Vorgang, den ihr als Rückstrahlen des auffallenden Lichtes, als *Reflexlicht* wahrnehmt. Da diese Geistwesen dank ihrer ungeheuren Schnelligkeit sich stets in einer geraden Linie bewegen, wird es erklärlich, warum vom Sonnenlicht beleuchtete Dinge überaus klar zu sehen sind; dies besonders dann, wenn in der atmosphärischen Luft keine Aufregungen (geistige Luftvibrationen) stattfinden.

Daß eine erleuchtete Form in allen ihren Teilen voll wahrgenommen werden kann, rührt wiederum daher, weil jede Materie welcher Form immer ein Konflikt geistiger Potenzen ist.

Stoßen sonach die Lichtträger aus der Sonne an eine Form, so zieht diese je nach ihrem inneren Gehalt die ihrem Wesen zusagenden Teile an sich, während sie das Unbrauchbare wieder nach allen Seiten von sich weggehen läßt. Entsinnt euch, daß alles Materielle im Grunde Geist ist, und daß euch daher nur eine geistige Betrachtung aller Dinge und Naturvorgänge dem innersten Wesen der Schöpfung näherzubringen vermag. —

Die schnelle Achsendrehung der Sonne bringt ihre weitgedehnte Atmosphäre zur beständigen Reibung mit dem sie umgebenden *Äther,* wodurch die Tätigkeit der zahllosen, in der Sonne rastenden Naturgeister stets von neuem erregt wird. Dieses Tätigsein teilt sich dann den im Äther ruhenden Geistern derart mit, daß diese äußerst leicht erregbaren Geister in Blitzesschnelle in gerader Linie miterregt werden, in jedem Augenblick um dieselbe Entfernung weiter bis in eine für euch unermeßliche Ferne.

Durch diese Vibrationen (Schwingungen) der naturgeistigen Atome im großen Schöpfungsraum teilt sich das ursprüngliche Licht der Sonne auch den in ihrem Bereiche bahnenden *Planeten* und sonstigen Weltkörpern (Monden, Kometen) mit. Es bewirkt in den kleineren Luftkreisen der Planeten eine gleiche Erregung der dortigen Naturgeister. Je tiefer herab, desto heftiger erfolgen ihre Vibrationen, indem diese Geister bis zum Erdboden herab immer kompakter (gediegener) werden. Aus diesem Grunde wird es dann auch in den tiefen Tälern lichter und wärmer als auf den höchsten Bergspitzen, da hier das Licht noch zu wenig kondensiert auftrifft.

Ist die Sonne für irgendeinen Ort der Erde untergegangen, begeben sich die Naturgeister der Luft und Erde nach und nach in den Ruhezustand, d. h. sie beenden das Vibrieren in ihren leichten Materiehülsen, wozu sie am Tag durch die Lichtstrahlen angetrieben wurden. Daher merkt euer fleischliches Auge ihr Sein und ihre Gegenwart nicht, und die fühlbare Folge ist für euch die finstere *Nacht.* Werden aber an einem Punkte der Erde die Geister durch das wiederkehrende Licht aufs neue erregt und geraten wieder ins Vibrieren, so wird es dort für den Betrachter auch wieder hell. Und wenn unzählige Mengen von Naturgeistern in der weiteren Umgebung mitergriffen werden, so wird es für das Auge im weiten Umkreis immer lichter und lichter.

Von einer je heftiger vibrativ tätigen Naturgeistersphäre die Nachbargeister mitbeeinflußt sind, umso grelleres Leuchten wird sichtbar. Das Licht der Sonne liefert durch seine produktive Kraft in ihrer Einwirkung auf die der Sonne nahestehenden Weltkörper dafür den sprechenden Beweis. Aber nicht nur auf den Planeten werden diese Geister durch das Licht aus ihrer Trägheit erweckt, sondern auch im freien Weltätherraum. Da entstehen durch ein solch gegenseitiges Sichergreifen oftmals Dinge, von denen sich der Menschen Weisheit noch nie etwas träumen ließ.

Sogar die gröbste Materie ist *Geist und Seele,* nur in gerichtetem (in Formen eingehülstem) Zustand. Solange die in der Materie eingeschlossenen Geister und Naturseelen nicht gestört werden, ruhen sie wie tot und lassen vieles aus sich machen. Werden sie jedoch einmal aus ihrer ordnungsmäßigen Ruhe heftig erweckt, so lassen sie ihre Anwesenheit leicht erkennen. Je nach Stärke ihrer Tätigkeit geben sie sich durch ein entsprechendes *Leuchten* kund, das sich bis zu den heftigsten feurigen Erscheinungen steigern kann.

Betrachtet das starke Leuchten eines *Meteors,* bewirkt durch den übermäßig schnellen Flug durch die Luft. Er reibt sich mächtig an deren Teilchen und drückt sie gewaltig zusammen, da sie ihm nicht schnell genug ausweichen können. Dadurch entzündet sich die zu stark gepreßte Luft hinter der ganzen Zugstrecke des Meteors und man erblickt hinter ihm stets einen abnehmend glühenden Schweifstreifen, der eben dieser Erscheinung entspringt und an sich keine Realität darstellt.

Wie tätig dann erst die Sonnenlichtgeister besonders an der Oberfläche dieses Weltkörpers sind, beweist der Sonne grelles Licht, wie auch die Gewalt der großen Sonneneruptionen, bei denen die Geister ihre Materie oft in Klumpen von mehrfacher Erdgröße in den Weltenraum hinausschleudern.

Im eigentlichen Sonnenkörper sind alle Bedingungen vorhanden, durch welche die stark leuchtende Lichthülle stets neu erzeugt wird. Diese Hülle um die Sonne ist ungefähr das, was bei der Erde die atmosphärische *Luft* ist. Die Luft aber wird aus dem innersten Lebensprozeß der Erde gebildet. Das Erdinnere ist demnach zuerst voll Luft, und nur das Quantum der Mehrerzeugung sammelt sich *um* die Erde als ihre Atmosphäre. Damit aber das Innere der Erde gleichfort die Luft erzeugt, muß darin ein immerwährendes *Feuer* tätig sein, das sich aus der großen Tätigkeit der inneren Geister ergibt. Das inwendigste Feuer entspricht dem *Geist.* Aus allen dadurch aufgelösten Stoffelementen wird die Luft produziert, die dem entspricht, was *Seele* genannt wird. (Feinstoffliche Substanz.)

Feuer könnte ohne Luft nicht bestehen, und Luft kann ohne Feuer nicht erzeugt werden. Feuer ist demnach auch Luft, und Luft ist auch ein Feuer. Denn wahrlich, die Flamme ist auch nur Luft, deren Geister sich in heftigster Vibration befinden. Und die Luft ist in sich pur Feuer, aber im Zustande der Ruhe ihrer Geister, daraus sie besteht. Es ist daher leicht begreiflich, daß im Grunde Feuer und Luft eines sind. Bevor aber die Luftgeister nicht bis zu einem gewissen Grade erregt werden, bleibt die Luft immer nur das, als was ihr sie kennt. Es ist somit zwischen der erregten Feuerluft (als schon Feuer) und der eigentlichen, noch ruhigen Luft ein beträchtlicher Unterschied!

Im Feuer selbst ist das *Licht,* und daher geistig genommen das höchste Wissen und Erkennen (Erleuchtung). In der Luft, wenn sie vom Feuerlichte durchdrungen wird, ist gleichfalls volles Wissen und Erkennen, jedoch in einem geringeren Grade. Wird aber die ruhige Luft durch Miterregung selbst zu Feuer und Licht, so ist auch in ihr allenthalben höchstes Wissen und Erkennen vorhanden. So auch im Menschen: Das innerste Feuer ist der *Liebegeist* der Seele in seiner Tätigkeit. Und die Luft ist gleich der Seele, die durchaus ein Feuergeist sein kann, wenn sie vom Geiste durchdrungen eins mit ihm wird!

Das gleiche natürliche Verhältnis findet sich auch in der *Sonne.* In ihrem Innersten waltet ein allerheftigstes Feuer, dessen Lichtstärke jene der Außenatmosphäre ums unaussprechliche übertrifft. Aus diesem Lichte des Inneren entfaltet sich dauernd die reinste Sonnenluft, und diese wird auf der Oberfläche selbst Feuer und Licht. Dies jedoch in einem minderen Grade als das mächtigste Feuerlicht im Großzentrum des Sonnenkörpers. Die äußere Sonnenlichtatmosphäre ist jedoch dem Wesen nach völlig gleich dem genannten Zentralfeuer. Sie bedarf nur derselben höchsten Erregung und wird sodann auch ganz dem inneren Feuer gleichen.

Wenn sich einmal der Sonne Außenlichtatmosphäre entzünden würde in der Kraft des innersten Sonnenfeuers, so würde dessen Macht alle Geister im weiten Schöpfungsraume derart miterregen, daß er augenblicklich zu einem alle Materie urplötzlich auflösenden, unendlichen Feuermeere würde. Freilich ist das *Innere* der Sonnenmaterie so eingerichtet, daß es diesem Feuer standzuhalten vermag. Die fortwährend darauf strömenden mächtigsten Gewässer geben — infolge des Kreislaufs, wie beim Menschen der des Blutes — dem Feuer andauernd Beschäftigung zur Auflösung der Elemente und zur Bildung der Sonnenluft, sowie daraus wieder zu jener des Wassers. Und so verbleibt alles in der steten, durch Gottes Willen gesetzten Schöpfungsordnung.

Geheimnisse des Lichtstrahls

Eure Wissenschaft hat im Lichte Eigenschaften entdeckt, an die hier einige geistige Eröffnungen angeknüpft werden sollen. Denn ihr sollt damit erkennen, wie alles, was die Gelehrten durch ihre Forschungen finden, wohl wahr ist, doch fehlt ihnen die richtige Beurteilung der Ergebnisse, da sie das Licht nicht als die große Gnadengabe des Schöpfers betrachten wollen.

Die *Naturwissenschaft* stellte fest: Das Licht besteht aus einem Bündel von Strahlen, wobei jeder Strahl in der Querschnittform eines vierkantigen Sterns stets positiv und negativ elektrische Kanten besitzt. Ferner fand sie, daß sich neben den Leuchtstrahlen noch dunkle oder schwarze Linien zeigen, die Wärmestrahlen genannt wurden. Weiter haben sie durch das Prisma das Licht in jene sieben Hauptfarben zerlegt, wie sie in ihrer Reihenfolge und Mischung im Regenbogen zu beobachten sind. Eine weitere Feststellung war, daß der Lichtstrahl selbst, wenn er auf chemische Präparate fällt, gewisse Farben erzeugt. Mittels dieser Entdeckung glaubte die Wissenschaft ihre Untersuchungen so weit ausdehnen zu können, um die stofflichen Bestandteile weitentfernter Gestirne zu bestimmen (Spektralanalyse). Alle diese teils wahren, teils irrigen Entdeckungen konnten jedoch die Naturforscher um keinen Schritt weiterbringen in der Erkenntnis des Lichtes.

Licht hat als Haupteigenschaft, daß ihm eine *belebende* Kraft innewohnt. Im Ätherraume stehen sich zwei polare Kräfte (Anziehung und Abstoßung) gegenüber, die in ihrer Wechselwirkung Licht und Wärme, und aus diesen sodann Leben erwecken. Die Entdeckung von der Vierkantigkeit des Lichtstrahls ist nichts anderes als das Wirken dieser beiden Kräfte. Wo selbe auf feste oder dichtere Objekte einwirken, da setzen sie den Kampf jener beiden Grundkräfte in Aktion, wodurch sie den ganzen Lebensprozeß vom Entstehen bis zum Vergehen oder Verwandeln bedingen.

Die sogenannten dunklen Linien oder *Wärmestrahlen* sind dichtere Stoffe, die aus dem Ätherraume vom Lichtstrahl bei seinem schnellen Lauf mitgeführt werden. Durch diese hohe Geschwindigkeit sich aneinander reibend, erzeugen diese Stoffpartikel im Lichtstrahl selbst Wärme. Mit Recht können sie daher Wärmestrahlen genannt werden, da gerade sie — je direkter sie auf einen Gegenstand auffallen — durch ihre Wärme auch jene der Körperwelt desto mehr entwickeln. Was aber hauptsächlich dazu beiträgt, ist die *Brechung* des Lichtstrahls: vorerst in seine drei Grundfarben Rot, Blau und Gelb, und ferner deren Vermischung zu den sekundären und tertiären Farben, da die Körper die Farben nur teilweise aufsaugen. Die nichtverbrauchten Teilstrahlen (Farben) jedoch werden reflektiert, womit sie sodann dem menschlichen Auge sichtbar und unterscheidbar werden.

Wo ein Lichtstrahl auftritt, erzeugt er Wärme und Leben, und das Wie ist in der Art der Farbenzerteilung begründet. Sobald ein Lichtstrahl mit seiner Lebenskraft ein Objekt berührt, beginnen dessen Stoffteilchen (Moleküle) lebhaft zu vibrieren. So zwar, daß einzelne Teile, billionenmal in einer Sekunde schwingend, diese oder jene Farbe aus sich ausscheiden. Zu dem, was sich dann dem Beobachter als Farbe ihrer Oberfläche zeigt, muß noch die Reaktion eingerechnet werden, die dabei in den Elementen des Auges vor sich geht: durch die neuerliche Brechung der reflektierten Farben in der Regenbogenhaut und den übrigen Teilen der Sehorgane.

„Sehen" heißt somit, jeden Gegenstand in jener Farbe wahrnehmen, die er als nicht sein eigen betrachtend zurückwirft, während er alle anderen Haupt- und Mischfarben aufgesaugt hat, da sie zu seinem Bestehen notwendig sind. *Schwarz* ist keine Farbe, indem der Gegenstand sämtliche Farben in sich aufgenommen hat. Auch *Weiß* ist keine Farbe, weil einem weiß erscheinenden Objekte die Fähigkeit der Aufsaugung gänzlich mangelt und er alle einfallenden Lichtstrahlen zurückwirft, ohne selbe zu seinem Bedarf zu zersetzen. Ihr seht aus allem, daß ihr die ganze Farbenpracht der Natur anders beurteilen müßt, als sie dem

irdischen Auge erscheint. Dort, wo Ruhe zu walten scheint, bietet sich dem geistigen Auge ein fieberhaftes Regen, das durch das *Licht* zum Gestalten, Entwickeln und Verwandeln aller Lebensformen drängt. Wie sich in der Unendlichkeit des Äthers alles regt, bedingt durch die beiden Elementarkräfte der Anziehung (Magnetismus) und Abstoßung (Elektrizität), so herrscht auch in der scheinbar toten Materie niemals Ruhe. Angeregt durch den Lichtstrahl als den Faktor alles Lebens, geht dieser Prozeß mit einer Schnelligkeit vor sich, die kein Auge zu bemerken und kein menschlicher Sinn zu erfassen vermag.

Was nun die Vorrichtungen der Wissenschaft betrifft, durch Reaktion der Lichtstrahlen auf chemisch präparierten Stoffen selbst die Elemente entfernter Welten bestimmen zu können, sind eure Gelehrten sehr im Irrtum. Sie könnten diesen leicht erkennen, würden sie aus ihren Versuchen die richtigen Schlüsse ziehen. Denn wenn sich bei allen Experimenten stets das gleiche Resultat ergibt (d. h. nur auf der Erde bekannte Grundstoffe sich in der Spektralanalyse zeigen) —, so liegt der Grund darin, daß eure Forscher die Erdatmosphäre ganz außer acht lassen. Durch diese aber muß ein jeder Lichtstrahl hindurchgehen, ehe er auf die Oberfläche der Erde gelangt.

Im Luftkreis der Erde sind in aufgelöstem Zustand *alle* Stoffe vorhanden, die sich im Erdkörper festgebunden vorfinden. Dringt nun ein Lichtstrahl aus dem Weltraum in den Dunstkreis der Erde ein, so muß er sich dessen Einfluß teilweise unterziehen. Im weiteren Laufe bringt er sodann zersetzt alle die Stoffe auf den Erdboden mit, aus denen die Luftatmosphäre besteht. Da z. B. auch Eisen in der Atmosphäre in aufgelöstem Zustand vorhanden ist, gelangt der Lichtstrahl schon mit diesem Element belastet auf das chemische Präparat und reagiert natürlich auf dieses eisenhaltig. Aber nicht als ein Lichtstrahl aus einer fernen Welt in reiner Form, sondern als bereits *veränderter* Faktor, beeinflußt durch den telurischen Dunstkreis eures eigenen Planeten!

Wäre es möglich, den Lichtstrahl der Sonne oder einer sonstigen Sternenwelt direkt im Ätherraume zu untersuchen, bevor er anderen chemischen Prozessen unterliegt, die beim Durchgang durch die Atmosphäre unvermeidlich sind, dann würdet ihr wesentlich andere, zuweilen aber auch gar keine Resultate erhalten. Diese Region ist jedoch dem Menschen unerreichbar, da ohne den Luftkreis kein Lebewesen existieren kann. (Anmkg.: Vielleicht wäre eine solche Überprüfung durch die künstlichen Erdsatelliten möglich? D. Hg.) — Zwar ruhen im Äther alle Urstoffe der Schöpfung, müssen aber erst durch vielerlei Verwandlungen den Geschöpfen brauchbar und genießbar gemacht werden. Suchet daher nicht mit materiellen Mitteln Dinge zu erforschen, die doch zu keinem anderen Resultat führen als zur Erkenntnis, daß es andere Weltkörper gibt, die zwar Erden und Sonnen wie die eurigen sind, deren Beschaffenheit und Geschöpfe jedoch so weit von euren Formen abweichen, daß selbst eure höchste Phantasie euch der Wahrheit um kein Haarbreit näherbringen kann.

Schon das Lichtmeer der Sonne vermag kein menschliches Auge ungestraft zu betrachten. Wenn ihr nun bedenkt, welche Masse von Licht den endlos größeren Sonnen entströmt, dann könntet ihr ahnen, welche Bewegung, Wärme und welche Lebensäußerungen das Licht dort erschaffen muß und welch unfaßbare Farbenpracht jene Lichtstrahlen hervorrufen. Dann könntet ihr euch einen Begriff machen von der Herrlichkeit der Schöpfung, wo eure Sonne im Vergleich zu anderen nur als ein schwaches Nachtlichtlein vor dem Glanze jener Riesensonnen verschwinden müßte. Und auf solchen Welten leben Wesen, die — obwohl dem menschlichen Typus zugehörig — in Form und Ausdruck eine Schönheit aufweisen, die alle eure unzulänglichen Vorstellungen weit übertrifft.

Warum aber hebt sich das Bild der Sonne und aller Gestirne für euer Auge vom allgemeinen Lichtmeere ab? Wer da einwenden möchte: das Licht muß doch überall gleichartig sein und man könnte unmöglich das Bild der Sonne getrennt und bei weitem stärker leuchtend als das ganze Lichtfirmament erblicken, dem sei gesagt: Dies wäre tatsächlich unfehlbar der Fall, wäre nicht euer Sehorgan besonders dafür eingerichtet. Das Auge aber ist so beschaffen, daß alles Licht und alles Erleuchtete nur die durch Rückwirkung erregtesten *Konturstrahlen* — als sich in einem gewissen Winkel durchschneidende Linien — durch eine kleine Öffnung auf die höchst reizbare Netzhaut und von da auf den noch reizbareren Sehnerv gelangen läßt. Durch diese Einrichtung werden alle nur einfach erregten Lichtausflüsse ausgeschieden. Nur die Hauptkonturstrahlen gelangen bis zum Sehnerv, durch den das Bild sodann durch geeignete Organe auf die Gehirntäfelchen entsprechend eingeprägt und der Seele zur inneren Beschauung dargestellt wird. Wäre der Bau des Auges ein anderer, so würdet ihr freilich die Sonne nicht einzeln schauen können. Alles wäre dann ein gleichförmiges Lichtmeer gleich dem, das mehrere verzückte Menschen (z. B. Plato! D. Hg.) geistig erschauten, wobei sie nicht einmal ihr eigenes Ich im allgemeinen Lichte als ein gesondertes Wesen zu unterscheiden vermochten.

Vervielfacht die Stärke der Lichtstrahlen aller Urzentralsonnen, die doch ums myriadenfache jene eurer Sonne übertreffen, ins Endlose hin, so werdet ihr mit allem so potenzierten Lichte der Raum- und Zeitsonnen dasselbe Verhältnis finden, wie sich das Ursein Gottes zum geschöpflichen Sein, oder Raum und Zeit zur Unendlichkeit und Ewigkeit verhält. Und da das *Gotteslicht* vom Lichte der Natur ewig nie erreicht werden kann, so folgt daraus, daß sein reingeistiges Licht, sowie seine nie ermeßbare Liebelebenswärme nur außerhalb eurer menschlichen Begriffe stehen kann. Daß aber dennoch eine lebenswahre Entsprechung zwischen dem Urlichte Gottes und dem geschaffenen Lichte der Sonnen wirkend besteht, kann daraus ersehen werden, daß auch deren Licht ihren Erden belebende Kraft verleiht, wovon sich ein jeder im Frühling leicht überzeugen kann. —

Das luftelektrische Feuer

Nachstehende Ausführungen über das geistige Wesen der Elektrizität sind Lorbers „Gr. Evangelium Johannis", sowie Mayerhofers „Schöpfungsgeheimnissen" entnommen. D. Hg.

Das naturgeistige Feuer der Luft war schon den Ägyptern und Griechen wohlbekannt und wurde von ihnen *Elektron* genannt. (Anmkg. Ursprachlich bedeutet el = Licht, ek = hinaus, ter on = es bewegt. D. Hg.) Es ist das eigentliche Lebenselement der Luft, durch das die ganze Erde samt allem, was sich auf ihr zu Wesen gestaltet, sein natürliches Leben erhält. In der gewissen beharrlichen Ruhe der Luft, des Wassers, der Mineralien, Pflanzen und Tiere wie auch des Menschen entwickelt sich dieses elektrische Feuer nicht, sondern ruht da untätig mit. Verborgen erfüllt es den ganzen endlosen Schöpfungsraum und bildet in seiner völligen Ruhe den *Äther,* in dem alle Weltkörper schweben. Würden letztere jedoch ohne alle Bewegung verharren, so würden sie bald wie ein Leichnam verwesen und aufgelöst in den Ruhestand des Äthers übergehen. Darum hat die Weisheit und Macht des Schöpfers dafür gesorgt, daß sich die zahllosen Weltkörper im großen Ätherraume in einer vielfachen Bewegung befinden, wodurch sie den Äther (durch Reibung) in hohem Grade erregen und zu steter Tätigkeit nötigen.

Schon aus der Schnelligkeit selbst der Erdbewegung geht hervor, daß auch die um die Erde ruhenden Äthergeister in eine bedeutende Unruhe und daraus in ein Tätigsein versetzt werden. Dadurch wird die Erdatmosphäre dauernd von ihnen durchdrungen und gesättigt, und im weiteren Verlaufe auch der Erdkörper selbst. Zu den beiden Hauptbewegungen der Erde (Rotation und Sonnenumlauf) gesellt sich noch die ungleich raschere Bewegung des *Lichtstrahls* aus der Sonne, durch welche die Äthergeister des Raumes in großen Massen zur Erde herabgetrieben werden.

Wird die Erdluft besonders im Sommer zu sehr damit gesättigt, so wird es bald *schwül*, und Menschen, Tiere und Pflanzen fühlen eine Art Ermattung, werden träge und sehnen sich nach untätiger Ruhe. Dieses Gefühl rührt eben von der übergroßen Anwesenheit von Äthergeistern in der Luft und auf der Erde her, weil diese Geister — wenn nicht erregt — den Hang zu einer starren Todesruhe in sich tragen, obwohl sie in sich keineswegs tot sind.

Infolge der erwähnten Anhäufung beginnen diese Äthergeister mehr und mehr einen sie belästigenden Druck zu empfinden und fangen daher an, sich tätig zu regen, um sich jenes Druckes zu entledigen. Dieses Verhalten gibt sich zuerst im Entstehen von *Winden* kund, die umso heftiger werden, wenn der übersättigte Erdkörper seine inneren Naturgeister auf die Oberfläche und in die niederen Luftschichten zu treiben beginnt. Aus der Vermengung der oberen und unteren Äthergeister in der Atmosphäre entstehen als sichtbares Zeichen stets dichtere Nebel und *Wolken*. Deren zunehmende Schwere belästigt die Äthergeister noch mehr, die nun dahin einen Ausweg suchen, wo sie den geringsten Widerstand finden. Und diese Flucht, wobei sie sich mit den dichteren Naturgeistern der Erdluft unwillkürlich vermengen, erzeugt jenen heftigen *Sturmwind*, dessen Gewalt von der Erregung der Ätherheere Zeugnis gibt.

Wenn sich trotz solcher Flucht diese Äthergeister irgendwo durch Stauung weiter anhäufen, wird dies durch ein stetes Schwärzer- und Dichterwerden der Wolkengebilde merkbar. Wird ihnen der Druck endlich unerträglich, so gehen diese Geister in einer Art Grimmwut aus ihrer ursprünglichen Trägheit urplötzlich in die größte Tätigkeit (Vibration) über. Dies ist dann das zerstörende luftelektrische *Feuer des Blitzes*, welcher der ihm lästigen Wolke entfährt und alles, was seinem Wege entgegentritt, mit unwiderstehlicher Macht zerstört. Die Erd- und Luftgeister aber werden dabei wie durch gewaltige Stöße (Donner!) derart aneinandergedrängt, daß sie sich notgedrungen ergreifen müssen. Dadurch dichter und materiell schwerer geworden, müssen sie als *Regen oder Hagel* zur Erde niederfallen.

Werden jedoch die reinen Äthergeister durch die noch ungeläuterten Erdäthergeister allzu sehr gedrückt, steigern sie ihre Tätigkeit bis auf den höchsten Kulminationsgrad. In diesem Falle zerstören sie die Erdäther- und Luftgeister durch ihre allgemeine Feuertätigkeit und es kommt dabei weder Regen noch Hagelfall zum Vorschein. (Wetterleuchten!)

Das luftelektrische Feuer (Elektron) ist demnach nichts anderes als die zuerst durch Druck oder Reibung gestörte Ruhe und daraufhin die erregte Tätigkeit der geistigen Substanz des Äthers. Diese ist als ein zum Teil geistiger und zum Teil natürlicher *Licht- und Lebensstoff* in der Erdluft wie im ganzen Erdkörper und allem, was er trägt, enthalten. In auffallender Art fangen diese Äthergeister sich erst dann zu äußern an, wenn sie auf obgeschilderte Weise erregt werden. Ist einmal ein bedeutender Teil von ihnen tätig geworden, so werden dadurch auch die ehedem noch ruhenden Geister ihrer Umgebung miterregt.

Schlägt man zwei harte Steine mit Gewalt aneinander, werden sofort eine Menge *Funken* lebhaft hervorspringen. Und wiederum ist diese Erscheinung ein Zeichen der in und um die Steine tätig gewordenen Äthergeister. Stoßen zwei Winde mit größter Heftigkeit zusammen, werden sich oftmals Feuererscheinungen ähnlich den Blitzen zeigen. Erfolgt dies an hierfür besonders günstigen Punkten der Erde (heiße Zonen), so entzünden sich dabei sämtliche anwesende Äthergeister, und aus einer Windhose gestaltet sich dann eine alles verheerende *Feuerwirbelsäule*, vor deren Gewalt sogar Felsen erbeben. Solche auf die höchste Weise erregten Naturäthergeister ziehen dann aus weiter Umgebung und aus den Höhen ihresgleichen herbei und richten in einer Erdgegend oft derartige Verwüstungen an, daß ihre Spuren zuweilen Jahrhunderte sichtbar bleiben...

Glatte Flächen, besonders von harten Edelsteinen und Glas sind besonders geeignet, die Äthergeister zur Äußerung ihrer Tätigkeit zu nötigen, sobald man solche Flächen zu reiben beginnt. Das hiedurch erzeugte Feuer (Elektrizität) ist gleichfalls ein Sichkundgeben des Elektrons, wie auch jeder Akt des *Verbrennens* brennbarer Stoffe. Das Glühen und Schmelzen und sogar mögliche Verdampfen von Metallen und Mineralien geschieht auf demselben Wege, nach den steigenden Graden der Tätigkeit der in ihrer Ruhe gestörten Äthergeister. Werden diese andauernd in eine solche Tätigkeit versetzt, wie sie sich in einem Blitze bekundet, dann zerstören sie alle Materie und lösen sie völlig in ihre ursprünglichen Äthergeistelemente auf. Beim Verbrennen von Holz, Öl u. dgl. erreichen sie jedoch niemals jenen höchsten Tätigkeitsgrad, weil sie dabei stets in einen hindernden Kampf mit den gröberen in der Materie gefesselten Naturgeistern treten müssen. Wird aber durch ein starkes Zuströmen von Luft eine immer größere Menge von Äthergeistern gewisserart zur Hilfe herbeigezogen, so erhöht sich die Hitze des Feuers ganz beträchtlich. Dies kann auch die noch starren Naturgeister in den Metallen und Steinen derart in Tätigkeit versetzen, daß nach den Stufen des Erglühens, Schmelzens und Verbrennens sogar ein gänzliches Auflösen der Materie bewirkt werden kann.

Auch das *Wasser* birgt in großer Menge Äthergeister in sich. Als Stoff besteht es aus überaus kleinen Bläschen, in denen sich die eigentlichen Geister eingeschlossen finden. Da diese runden und glatten Bläschen einander wenig drücken und als leicht verschiebbar stets ausweichen, verhalten sich die Äthergeister im Wasser gewöhnlich völlig ruhend. Wird aber Wasser erwärmt und zum Kochen gebracht, wird es bald unruhig zu quirlen beginnen. Denn durch die Außentätigkeit der Geister des Feuers miterregt, beginnen die ihnen ebenbürtigen Geister des Wassers mit steigender Heftigkeit die Wasserbläschen durcheinanderzutreiben und auszudehnen. Beim Zerplatzen verlassen sodann viele Äthergeister ihr Wohnelement, entweichen und vereinigen sich mit den freieren Äthergeistern entweder in der Erdluft (Verdampfung!), oder sie steigen gar durch die ganze Luftschicht bis zu ihren Urverwandten in die Höhe. Daß sonach das Kochen und Verdunsten des Wassers gleichfalls im Grunde ein *elektrischer* Akt ist, geht aus Obigem klar hervor. Werden die durch Feuer erregten Geister des Wassers in einem festverschlossenen Gefäß am Entweichen gehindert, so dauert es nicht lange, bis sie ihre Gewalt offenbaren: das Gefäß wird in Stücke zerrissen und die Geister werden sich unter großem Getöse (Explosion!) frei machen und in ihre angestammte Ruhe zurückziehen.

Reine Äthergeister kann nichts so sehr in größte Tätigkeit versetzen, als wenn die unreineren Naturgeister aus dem Erdinneren in großen Massen aufsteigen und sich unter die Luftgeister mengen. Da entsteht sogleich ein mächtiger Kampf, wobei die unreinen Naturgeister stets besiegt, aber dadurch auch gereinigt und für das Leben der Pflanzen und Tiere wohldienlich werden. Über dem Erdboden wehen bei solchen Gelegenheiten stets große *Stürme*. Erfolgt jedoch ein solches Aufsteigen von Erdgeistern unter dem Meere, werden die Äthergeister des Wassers höchst unruhig und die Folge davon ist gewöhnlich ein Springflutsturm, der mit den größten Schiffen ein arges Spiel treibt. Ist das Meer danach wieder ruhig geworden, so erscheint seine Oberfläche, wie auch Masten und Tauwerk der Schiffe in einen *Lichtschimmer* getaucht (Elmsfeuer!). Die Ursache davon ist wieder das bekannte Elektron, doch stammt es nunmehr von den geläuterten, ehedem unreinen Naturgeistern der Erde her. Die alten Naturweisen benannten es darum das „Gegenelektron".

Noch wären die Erscheinungen des *Winters* zu erwähnen, da auch diese von der Tätigkeit, bzw. Ruhe der Äthergeister bedingt sind. Im Winter fallen, besonders im höheren Norden und tieferen Süden, die Sonnenstrahlen schräger auf die Erde ein. Dadurch aber werden die Äthergeister gegen die Pole hin von den schwächeren Strahlen, wie auch durch die geringere Reibung der bis an die Ätherregion hinaufreichenden Luftschicht um vieles weniger als im Mittelgürtel der Erde in ihrer Ruhe gestört. Sie werden damit auch untätiger und wirkungsloser als in der warmen Jahreszeit. Solche Untätigkeit hat zur Folge, daß auch die Luftgeister selbst weniger tätig werden. Sie würden am Ende ohne alle Regung wie erstarrt verweilen, würden nicht die inneren Erdgeister in größeren Massen aufsteigen und sie in ihrer Todesruhe stören. Diese gewisserart ungeladenen Gäste verspüren die in der Luft vorhandenen Äthergeister, und diese beginnen zumeist dorthin zu flüchten, wo weniger Erdgeister austreten, d. i. in der Richtung gegen den Mittelgürtel der Erde.

Bei solchen Gelegenheiten nötigen die flüchtigen Äthergeister auch die ihnen verwandten Luftgeister zur Mitflucht, und es zeigen sich für das Gefühl der Menschen eisigkalte *Winde*. Denn kalt wird die Luft wegen der viel geringeren Tätigkeit ihrer Geister, denn nur ein erhöhtes Tätigsein erzeugt Wärme. Mehren sich die unreinen Geister in der Erdluft stärker, bilden sich Wolken und Dünste in stets dichteren Mengen, die von den beschriebenen Winden gepreßt und mit fortgetragen werden. Dadurch entsteht wieder ein Kampf, bei dem die ungeläuterten Geister in Form von *Schnee* auf die Erde geworfen werden, dabei jedoch eine Reinigung erfahren, die der Fruchtbarkeit des Erdbodens zugutekommt.

Wird auch das *Eis* auf Flüssen, Seen und Meeren durch das Elektron, d. i. die Tätigkeit der Äthergeister erzeugt? Gewiß! Durch *zu geringe* Tätigkeit und ihren Trieb nach Ruhe (da sie nur von schwächeren Lichtstrahlen erregt werden. D. Hg.) werden sie eng aneinandergerückt, ohne sich dabei tätig zu wehren. Dadurch werden sie im Verein mit den Luftgeistern schwer und drücken auf die Geister des Wassers, die dadurch auch in eine völlige Untätigkeit übergehen; und diese ist eben das, was sich als Wasser in Form des *Eises* zeigt. Je weniger Tätigkeit demnach die erwähnten Geister entwickeln, desto kälter muß es in den betreffenden Gegenden werden. Darum gefrieren im Winter rasch dahinfließende Ströme und Bäche schwerer als ruhig stehende Gewässer, weil die gewissen Geister in ihnen (durch Reibung) notgedrungen tätiger sind als im stehenden Wasser.

Siehe, Menschen und auch Tiere leiden, wenn sie im Winter untätig sind, stark unter der Kälte. Aber Menschen, die sich regen und körperlich tätig sind, werden selbst in der kalten Jahreszeit keinen Mangel an innerer Naturlebenswärme haben. Auch die seelische Trägheit ist der geistige Tod eines jeden Wesens. Darum ermuntert euch stets zur rechten Tätigkeit, denn nur darin bildet sich *das Leben!* — (Gr. Ev. VIII/143 ff.)

Ein inneres Wort über die Elektrizität:

... „Als im unendlichen Raume sich Meine ersten Ideen zu verwirklichen begannen und Welten auf Welten geschaffen wurden, da herrschte nur das Gesetz der Anziehung und Abstoßung, das sie zur Umdrehung um ihre Achsen und ihre Zentralsonnen zwang. Die eine Kraft wollte alles an sich reißen, die andere alles in die Unendlichkeit hinaustreiben. Aus dem Aufeinanderwirken beider Kräfte, den einzigen Motoren eines jeden Dinges, das geschaffen ist, entstand die *drehende* Bewegung. Noch jetzt sind diese beiden Urkräfte die Hauptträger alles Lebens und werden es auch ewig bleiben.

Die erste dieser Kräfte ist geistig die *Liebe*. In der Naturwelt gibt sie sich als der anziehende *Magnetismus* kund. Die Liebe will alles an sich reißen und sich um keinen Preis mehr davon trennen. Die Folge davon aber wäre ein endliches Erdrücken, ein Tod aus Liebe, aber kein Leben. Um also diesem mächtigen Trieb Meines Ich die rechten Schranken zu setzen, trat die *Weisheit* hinzu. Diese hindert zwar nicht die Anziehungskraft der Liebe, läßt sie jedoch nur bis zu einem gewissen Grade zu und bedingt dann wieder ein Loslassen und eine Entfernung. In der Naturwelt wirkt diese Eigenschaft als die abstoßende Kraft der *Elektrizität*. Durch die Wechselwirkung beider Kräfte entstand das erste, was in der Schöpfung notwendig ist, die *Bewegung*. Bewegung aber ist *Leben!* So ist jede Lebensregung das Produkt eines Kampfes dieser Grundkräfte, deren Widerstreit das Gesetz alles Werdens, Bestehens, Vergehens und alles Neuaufbauens bedingt.

Wo aber Kampf ist, da ist *Reibung*. Wo Reibung, da ist eine Erregung der einzelnen Teile, die sich in ihrer Ruhe nicht stören lassen wollen. Dieses Ergrimmen erweckt die *Wärme*, und wo diese in ihrer höchsten Vibration tätig ist, da entwickelt sich das *Licht!* Ohne Licht kein Leben. Da aber das Licht ein Produkt der Wärme ist, so ist Wärme überall dort, wo Leben waltet. Wo keine Bewegung sich regt, herrscht Kälte oder Tod, d. h. ein Stillstand. Da bleibt ein jedes Ding stehen, wie es ist und hat weder einen Drang zur Veränderung, noch zur Vervollkommnung oder Auflösung.

Aus den ersten zwei primitiven Kräften entwickelten sich demnach zwei weitere Haupteigenschaften: aus Anziehung und Abstoßung — Wärme und Licht. Und diesen beiden entwuchs alles Geschaffene. Die Liebe baut, die Weisheit erhält. Liebe ist gleichbedeutend mit *Magnetismus*, Weisheit mit *Elektrizität.* (Ursprachlich ma = Mutter, Form; gene = zeugen. — Elektron siehe oben! D. Hg.)

Wie Meine Gedanken in Blitzesschnelle die Unendlichkeit durcheilen, so strömt die Elektrizität in die Fernen hinaus. Indem sie Gleiches mit Gleichem verbindet, schafft sie Harmonie durch die Anregung schlummernder Kräfte, oder der gebundenen Geister im Weltall zu geordneter Tätigkeit. Elektrizität ist der *Träger* des Lebens. In ihrer positiven Gestalt bewirkt sie die *Erhaltung* des Geschaffenen; in ihrem negativen Werte bedingt sie die auflösende *Zerstörung* und reizt so zu neuem Aufbau an.

Die Elektrizität als latente (gebundene) Wärme ist das Licht. Für ihr geistiges Wirken fehlt euch das Auge, weil die schnelle Wirkung der Elektrizität und des Lichtes in so kurzen Zeiträumen erfolgt, daß sich kein Menschenverstand selbe vorstellen könnte. Würdet ihr sehen, wie bei jedem Experiment, wo Elektrizität wirkt, sich wundervolle Erscheinungen und Prozesse entwickeln, die nur zwei Grundursachen entspringen, — so würdet ihr ahnen, wie aus den kleinsten Atomen des Lichtes und der Wärme die wichtigsten Faktoren zur Erschaffung ganzer Weltsysteme hervorgehen — als Resultat der *Vibrationen,* die aus Anziehung und Abstoßung entstehen.

Das mächtige Fluidum der Elektrizität verbreitet durch sein billionen- bis trillionenmaliges Erzittern der kleinsten Atome in einer Sekunde das intensivste *Licht* und die größte *Wärme.* Begreifet daher: Wenn Ich als Schöpfer jemand Meine Liebe und Weisheit in ihrer ganzen Macht wollte fühlen lassen, er müßte in einem Augenblick vergehen! Und wenn auch sein Geist als Ewiges dem widerstände, seine Materie aber würde aufgelöst bis in die kleinsten Ur-Atome.

Würdet ihr sehen, wie der elektrische Strom in eurem *Blute* in einem Moment die augenblickliche Veränderung aller Blutbestandteile bewirkt; wie er alles Abgestorbene in Lebendiges neu verwandelt und das Krankhafte ausscheidet: kein Gedanke reicht hin, um zu begreifen, was da geschieht und wie eines aus dem anderen hervorgeht.

Und muß es nicht so sein? Was wäre die Schöpfung, wenn nicht Kräfte am Werke wären, die Meine Gedanken sogleich mit unbegreiflicher Schnelligkeit in den weitesten Raum trügen, um überall Leben zu schaffen und zu erhalten — in jene Räume, wo Äonen von Lichtweiten nur eine kurze Zeitspanne von einer Sekunde ausdrücken! Und eben die Elektrizität ist es, die als Meine Weisheit alles durchdringt, alles zum Leben und zur Vervollkommnung treibt. Die Elektrizität als Meine wirkende Weisheit in der Naturwelt schreibt dem Materiellen Gesetze vor, dem Geistigen aber gibt sie nur Ratschläge als Anregung. Meine Weisheit ist für die stoffliche Schöpfung Zwang, für die geistige Welt aber ein Wegweiser zu Mir Selbst!

Die Liebe sandte die Weisheit hinaus in alle Fernen, um zu erleuchten und zu erwärmen alles Geschaffene. Sie fordert aber auch, daß der von ihr ausgehende Strahl ihren Willen vollbringe. Und so strömt auch die Elektrizität hinaus in unermeßliche Fernen — auflösend und zerstörend, aber auch neu erweckend und aufbauend. Überall wird durch sie Finsternis in Licht, Kälte in Wärme, Ruhe in Bewegung, Tod in Leben verwandelt. So soll auch *Mein Wort* in euch alles Finstere in Licht, alles Tote in lebendige Taten umwandeln, damit ihr dereinst geläutert, wie ein Lichtstrahl in Meinen Himmel und vor Mein Angesicht gelangen möget! —

(Empfangen durch G. Mayerhofer)

Licht als kosmischer Schöpfungsfaktor

Auf die Frage: „Was ist Licht?" kann sich eure Wissenschaft nur auf die Feststellung beschränken: „Licht ist eine Emanation (Aussendung), hervorgerufen durch billionenmaliges Vibrieren der kleinsten Atome in einem Augenblick, was sich zuerst durch Wärme und weiterhin als Licht dem Menschen als Resultat offenbart. Jeder Lichtstrahl ist wie ein vierschneidiger Degen geformt, wobei sich stets die eine Kante zur gegenüberliegenden positiv oder negativ elektrisch verhält. Licht durch ein Prisma geleitet, läßt sich zerteilen, d. h. in Farben zerlegen. Im Lichtstrahl sind auch noch dunkle Strahlen eingebettet, die als Wärmestrahlen qualifiziert wurden." —

Wie wenig aber wißt ihr darüber zu sagen, was Licht als *geistiges* Element ist, wie es entsteht, Leben erregt und verbreitet. Nur Einzelne ahnen, daß Licht ein Ausfließen aus dem ewigen göttlichen Ich darstellt und daß *Gott* als die Liebe und Weisheit der Ursprung aller Wärme und allen Lichtes ist!

Im Universum ist die Sonne eures kleinen Systems selbst ein Sammelpunkt des Lichtes und nimmt als solcher die Strahlen von mehr als einer Milliarde anderer Sonnen auf. Sie läßt dieses Licht in sich intensiv werden und strahlt es dann wieder in dichten Massen aus. Der Sonne entströmen zweierlei Arten von Strahlen. Erstens solche, die sich von jedem Punkte der Sonne nach allen Seiten und unter allen möglichen Winkeln ausbreiten. Zugleich aber geht auch von jedem Punkte der Sonne ein Strahl in paralleler Richtung aus. Dieser Strahl ist gleichsam der Kern der Sonnenstrahlen und führt allein jene Kraft in sich mit, die sich als Wärme äußert. Der *Kernstrahl* ist der stärkste und zur Ausdehnung fähigste des Sonnenlichts. Die schrägen Strahlen hingegen können einfallen wohin sie wollen, so werden sie stets nur wenig ausdehnende Kraft besitzen, weil die Kernstrahlen mit ihnen niemals eine größere Ausdehnung erhalten vermöge der schiefen Fläche, auf die sie auftreffen. Nur in jenen Gegenden, die gerade unter der Sonne zu stehen kommen, fallen die Strahlen auf diese senkrecht ein und bewirken dadurch die größtmögliche Ausdehnung der Luft, was sich durch große Wärmeentwicklung kundgibt.

Die Haupteigenschaften des Lichtes, die *belebende* Kraft und die Entwicklung von *Wärme* sind die Vorbedingungen zur Entwicklung jeglichen Lebens. Wieviel aber muß noch im Lichtstrahle vorhanden sein, soll er den göttlichen Schöpfungsideen dienen! Um seine Kräfte zu wecken, muß er als Träger des göttlichen Willens den unermeßlichen Äther durcheilen. Der ganze, die Unendlichkeit erfüllende *Äther* ist an sich ein finsterer Raum, in dem die kosmischen Kräfte allein wirken. Er trägt jedoch in sich alle Elemente, die zur Erschaffung und Erhaltung der einzelnen Welten nötig sind. Im kleinsten Äther-Atom liegt diese Urkraft, und zwar gemäß seiner Lage so eingerichtet, daß sie entweder eine anziehende oder abstoßende Wirkung hervorruft. Dadurch genießt der Äther selbst keine Ruhe (ursprachlich aei-ter = ewige Bewegung! D. Hg.), sondern beide polare Kräfte erhalten in ihm die nötige Bewegung und das eigentliche kosmische Leben. Dieses allein ist geeignet, den bestehenden Welten alles Notwendige zu ihrer Erhaltung zu vermitteln oder das Verbrauchte zu entfernen. Ferner ist das Ätherleben auch imstande, aus den in ihm liegenden Elementarstoffen neue Welten hervorgehen zu lassen. (Die „prima materia“ der Alchemie! D. Hg.)

Inmitten dieses großen Ätherraumes schweben ohne Schwere die Welten und Sonnen samt allen Planeten, Monden und Kometen — gegenseitig nur durch die Wechselwirkung von Anziehung und Abstoßung gehalten — in langgestreckten elliptischen oder beinahe kreisförmigen Bahnen. Im Äther selbst herrscht durch diese beiden Urkräfte ewige *Bewegung*, durch welche die Bahnen aller Gestirne bestimmt werden. Diese Bewegung bedingt eine *Reibung*, die Reibung erzeugt *Wärme*, und Wärme endlich das *Licht*. Mit seinen Kraftäußerungen ruft das Licht als Endfaktor *Leben* hervor: ein gesetzliches Bestreben, sich zu gestalten, sich zu erhalten und durch Verwandlung letzten Endes alles Geschöpfliche zu vergeistigen. So müssen alle Welten, Sonnen und ihre Satelliten nach ihrem materiellen Zerfall als neue *geistige* Welten wieder den nämlichen Bildungsprozeß einen Schritt weitergehend durchmachen, den sie als gebundene Materie im Ätherstrom bis zur Sonnengestaltung durchlaufen haben.

Wie aber sind die Anfänge neuer materieller Welten, die noch in zahlloser Menge in dieser Schöpfungsperiode entstehen werden? Wenn sich in den für eure Begriffe unendlich weiten Zwischenräumen die Strahlen zweier Sonnen begegnen, werden solche Lichtstrahlen gleichfalls zum gegenseitigen Aufnahmepunkt. Denn jeder ausgehende Strahl — da in Raum und Zeit wirkend — ist etwas wenn auch noch so Subtiles, so dennoch Materielles. Treffen sich die Strahlen *zweier* Sonnen, sind sie als solche natürlich von gleicher Polarität; sie können daher einander niemals anziehen, sondern nur abstoßen. Sind solche Begegnungsstrahlen dazu gezwungen, werden sie damit gewisserart zu „Heimkehrern" und treten den Rückweg zu ihrem Ausgangsort an.

Was geschieht aber, wenn sich die Strahlen *mehrerer* Sonnen in einem nahe gleichfernen Zwischenraum im Äther begegnen? So zwar, daß sich die Radien von allen denkbaren Seiten treffen. An dieser Stelle bildet sich dann ein sogenannter Strahlenkonflikt (Zusammenprall), weil auch ein Teil der Strahlen die Linien des anderen Teils gerade durchschneidet und sich da begegnet. Diese Kreuzung der Strahlen ist so vorstellbar, als wären mehrere solcher Kreuze derart übereinandergelegt, daß dabei von einem Mittelpunkt eine Menge auslaufender Strahlen ersichtlich würden.

Diese durchlaufenden Strahlen neutralisieren notwendigerweise die Polarität und verhindern damit, daß die anderen sie querenden Strahlen wieder ihren Rückzug antreten, was sie sonst unmittelbar tun müßten. Damit bildet sich nach einiger Zeit eine Art von *Lichtknäuel* (Strahlenbündel), der bei längerer Strahlenansammlung eine gewisse feindunstige Dichtigkeit annimmt und dadurch schwerer und schwerer wird. Da sich nun auch die Sonnen gleich Planeten um einen anderen Zentralkörper bewegen, kommt es darauf an, welche Sonne auf ihrem Wege solchen Lichtbündeln am nächsten gelangt. Die Folge ist, daß sie dann auf natürliche Weise diesen Lichtknäuel in ihren Bereich zieht und damit gleichsam hörig macht.

Dies ist die eigentliche Entstehungsart aller *Kometen*, der ersten Lebensformen des kosmischen Lebens. Warum solche Gebilde dennoch selbständig fortbestehen und von der anziehenden Sonne nicht gänzlich aufgezehrt werden, hat seinen Grund in der obererwähnten Neutralisierung solcher Strahlenbündel. Durch diese Abspannung nehmen die angesammelten Strahlen einen negativ-elektrischen Charakter an und bilden damit der Sonne gegenüber einen polarisch entgegengesetzten Punkt. Naturgesetzlich vermag ein solcher, ihm begegnende positiv-polarische Sonnenstrahlen fortdauernd aufzunehmen, sie gleichfalls zu neutralisieren und als eigene Lichtnahrung einzuverleiben.

Daß ein Komet dies wirklich tut, bezeugt sein oft weitgedehnter Dunstkreis, der sich gewöhnlich auf der der Sonne abgekehrten Seite zu einem langen Kometenschweife ausdehnt. Dieser ist an sich nichts anderes als eine Verzögerung der von der Sonne auslaufenden Strahlen, die durch die negative Polarität in ihrem ursprünglichen Schwung gehemmt werden und durch den Rücktritt ihres Weges zu dem sie anziehenden Körper als eine überaus zarte Dunstmasse sichtbar werden. Dadurch ist der Sonne zwar ein neuer Kostgänger zugewachsen, der gar viele ihrer Strahlen in sich aufnimmt, bis er zu einer planetarischen Dichte heranreift. Hat er jedoch diese einmal erreicht, so gibt er dann — durch seine eigene zentrale Schwere genötigt — der Sonne unbeschadet seiner Wesenheit ihre Strahlengaben zahllosfach zurück. Dies, weil er als Planet nicht nur die Strahlen derjenigen Sonne aufnimmt, in deren Gebiet er sich befindet, sondern auch diejenigen zahlloser Sonnenkörper, die ihn von allen Seiten umgeben. Er saugt auch deren Strahlen in Massen auf und führt sie dann gewisserart seiner Sonnenmutter zu. . .

. . . Die von der Sonne ausgehenden Lichtatome sind auch der

Entstehungsgrund und zugleich die erste Stufe der sogenannten *Lichtatom-Tierchen* (Mikro-Viren, die nur im Elektronenmikroskop nachweisbar sind. D. Hg.). Somit ist diese Ansammlung solcher Strahlenatome zu einem später sich entwickelnden Planetenknäuel zugleich auch eine Ansammlung ersten tierischen Kleinstlebens, aus dem später das erste primitive Pflanzenleben hervorgeht. Und so ist wieder das *Licht* der Ursprung alles Lebens im gesamten Weltall. —

Ein *Komet* ist der Beginn eines werdenden Weltkörpers, der sich aus den im endlosen Raume begegnenden Lichtstoffen bildet. Er verdichtet sich im freien Äther stets mehr und beginnt damit, aus der anfänglich geistigen Substanz in die materielle überzugehen. Infolge einer gewissen abstoßend polaren Kraft der Sonne kann ein Komet niemals wieder in diese zurückfallen. Diese Kraft besteht in einem besonders in Sonnennähe sehr heftigen Ausströmen des *Lichtes*. Daher bewegt sich ein Komet, wenn er als ein noch ganz leichter Körper in die Nähe der Sonne gelangt, beinahe mit der Schnelligkeit des Lichtes weiter. Denn er empfängt da einen neuen heftigen Stoß, der ihn in große Raumestiefen zurückdrängt, worauf er am äußersten Rande seiner Entfernung wieder zur Sonne zurückzufallen beginnt.

In großem Sonnenabstand besitzt ein Komet keinen Schweif, sondern nur einen nebelartigen Dunst um seinen Kern. Erst wenn er in Sonnennähe gelangt, bildet sich sein Schweif durch seine überaus schnelle Fortbewegung. Denn durch selbe kann der höchst leichte Ätherdunst den Raum nicht so behende durchfliegen wie der schwerere Kern samt den ihn nahe umgebenden dichteren Dunstpartikeln. Es ist die gleiche Erscheinung, als wenn man ein glühendes und rauchendes Holz weithin durch die Luft wirft: auch hier zieht der Rauch als leichterer Körper hinter dem Holze einen förmlichen Kometenschweif nach. Für die schnelle Bewegung eines Kometen aber bildet auch der Äther schon einen leichten Widerstand. Auch der Äther ist in Zeit und Raum enthalten und somit ein feinstoffliches Etwas, obgleich seine Urgrundstoffe gegen die dichteren Luftelemente einer Erdenwelt beinahe gewichtslos sind.

Der *Äther* ist trotz seiner scheinbaren Nichtigkeit durchaus kein Nichts. Denn in ihm sind alle Stoffe und Elemente in einem noch ungebundeneren (gelösten) Zustande enthalten als in der allerreinsten Luft der Atmosphäre. Sie sind da noch mehr freie Kräfte und stehen dem Urfeuer und Urlicht um vieles näher. Dennoch ist der Äther noch lange kein Reingeistiges, sondern hat mehr innere Verwandtschaft mit der Substanz der *Seele* — insoweit er ein räumliches Medium darstellt, durch das zahllose Urkräfte aus Gott sich begegnen, verbinden und endlich gemeinsam lebendig wirken. Hinter der Sustanz des Äthers waltet das nicht sichtbare *Geistfeuer* als eine ewig tätige Kraft, die — von Gott ausgehend und den unendlichen Raum erfüllend — stetig wirkt und schafft.

Gott selbst ist in seinem Zentrum der ewige Urgeist und erfüllt die aus ihm hervorgehende Unendlichkeit mit seinen großen Schöpfungsgedanken. Von seiner *Liebe* getragen, werden diese zu einem ihm gleichen Lebensfeuer, durch seine *Weisheit* zu geordneten Formen und durch seine *Willensmacht* zu abgesonderten, wie für sich bestehenden Wesen.

Das Gefühl als Liebewärme hat das Bedürfnis nach Wesenhaftem. Je mehr dieses Gefühl mächtig wird, je mehr Flamme und Wärme da in sich erzeugt wird, desto mächtiger wird auch der Flamme *Licht*. Im Lichte drückt sich das Bedürfnis der Liebe in Formen aus.

Wo ihr Licht, Feuer und Wärme wahrnehmt, da puppen sich Milliarden von Licht-, Feuer- und Wärme-Atomen ein und erzeugen Formen. Die einzelnen so gebildeten Formen ergreifen einander und schließen sich zu einer entsprechend größeren Lebensform zusammen, worin sie sich zu einem Wesen bilden. Dieses erzeugt schon mehr des Feuers, Lichtes und der Wärme, wobei sich wiederum das Bedürfnis nach einer höheren und vollkommeneren Form einstellt. Durch Zerreißen der alten und zu engen Hüllen und Übergang in zweckdienlichere Formen entwikkeln sich alle Naturreiche bis zum Menschen hinauf als der höchsten Form der Schöpfung.

Ein Lichtäther-Atom ist nach euren Begriffen ein imponderables (unwägbares) Ding. Es ist aber doch ein für sich abgeschlossenes Begrenztes, da es sich ohne Begrenzung wieder im Äthermeer auflösen müßte. Trotz seiner unausdrückbaren Kleinheit besitzt ein solches Atom dennoch Dimensionen der Breite, Tiefe und Länge wie ein jeder Körper. In jedem Atom ist ein Funke aus Gott eingeschlossen, denn Er hat es erschaffen. Es liegt in ihm ein Trieb des Weiterbildens. Und da ein jedes Atom in Beziehung auf Quantum und Eigenschaft sich vom anderen unterscheiden muß — um alle Elementarstoffe zu bilden, die zur Erschaffung und Erhaltung des Weltalls nötig sind —, so entwickelt sich zwischen den einzelnen Atomen mittels ihrer Dunsthüllen eine stete Verbindung. Hiedurch entstehen aus den Atomen Moleküle, aus diesen Zellen und Kristalle. Es entwickelt sich Wärme, Licht und Leben, was wieder die Bildung größerer Körper beschleunigt.

Nach Bildung der Weltkörper begann sodann das organische Leben als Träger des geistigen Lebens. Und aus dem Geistigen endlich das Streben, dem göttlichen Leben ähnlich zu werden, wodurch der in die kleinsten Atome gelegte Geistfunke nach äonenlanger Wanderung stufenweise wieder dahin zurückkehren muß, von wo er ausgegangen ist.

Erhebet euren Geist und fasset die Größe und Bedeutung selbst der materiellen Welt! Vertiefet euch in den Begriff der Allmacht, die mit den einfachen Mitteln der Anziehung und Abstoßung, mit Wärme und Licht das ganze Weltall erschuf. Und begreift seinen Schöpfer, dessen *Liebefeuer* auch das Licht und Leben eures Seins bildet!

Das Phänomen der Farben

Was für das Licht im allgemeinen, muß auch für seine Teilerscheinungen, die Farben des Prismas im besonderen gelten: sie sind durchwegs geistiger Natur. Dem Auge erscheinen sie nur als verschiedene Frequenzen des Lichtäthers, dem geistigen Blick hingegen als die sinnfällige Offenbarung göttlicher Grundeigenschaften und ihrer Entsprechungen in der Naturwelt. Auf diesen Umstand weisen zahlreiche Stellen des Lorberwerks hin, von denen einige nachstehend wiedergegeben sind. — D. Hg.

Die Vibrationen des Lichtes gehen von der Geisteswelt aus und strahlen in die materielle Welt herüber. Als Farbenbündel des Regenbogens drücken sich in diesen Lichtschwingungen alle sieben göttlichen Grundeigenschaften entsprechend aus. (Anmkg.: Nach Lorber heißen diese sieben schöpferischen Aspekte Gottes: Liebe, Weisheit, Willensmacht, Ordnung, Ernst, Geduld, Barmherzigkeit.) Nicht unbegründet ist das alte Wissen, daß bestimmten Farben analoge geistige Eigenschaften entsprechen. Es ist eine Ahnung, welche die Seele durchzieht, wenn sie z. B. im rosenfarbenen Lichte den Strahl der *Liebe*, im grünen den der *Hoffnung* und im blauen den des *Glaubens* wähnt, denn in diesen Gefühlen der Menschenseele spiegelt sich das Wirken der göttlichen sieben Urgeister wider.

Allen prismatischen Farben (samt ihren Übergängen) wohnt ein geistiger Sinn inne, denn sie stellen — gemäß den Vibrationen, die sie hervorbringen — Wirkungen der göttlichen Eigenschaften dar. Wie in allem Sichtbaren, so drückt sich auch in den Farben, und hier mehr als in anderen Dingen, Gottes Walten in der Schöpfung aus. Und wenn die Farbe *weiß* nach alter Lehre als die der Unschuld gilt, so will das nichts anderes sagen, als daß in dem ungebrochenen Lichtstrahl alle göttlichen Eigenschaften vereint sind. Von der Geistwelt bis zu euch ausgehend und als Sternen- und Sonnenlicht wahrnehmbar, soll euch der weiße Strahl mahnen, daß auch ihr all diese Eigenschaften gesammelt in euch tragt. Aber erst in der Berührung mit anderen Wesen können sie teilweise zur Anwendung gelangen, so wie der weiße Lichtstrahl von Millionen fernen Sonnen sich erst beim Auftreffen auf Materielles in seine Farbenstrahlen bricht und dann den Dingen Glanz und Schimmer verleiht. . . .

Weitere geistige Entsprechungen sind z. B.: *Morgenrot* für die göttliche Liebe. — *Rosenrot* für die Nächstenliebe. — *Weiß* für die reine Wahrheit. — *Blau* für Beständigkeit und Treue. — *Hellblau* für Liebetätigkeit aus dem Glauben. — *Violett* für himmlische Weisheit. — *Lichtgelb* für sanfte Ruhe. — *Saftgrün* für den geistig-naturmäßigen Zustand. —

Wenn die Lichtstrahlen der Sonne als Träger geistiger Intelligenzen in der Materie auf eine Form stoßen, so nimmt diese, je nachdem sie ihrem inneren Inhalte nach beschaffen ist, sogleich die ihr zusagenden Teile des Lichtes an sich, während sie das für sie Unbrauchbare wieder nach allen Richtungen abstößt (reflektiert). Das Auge ist ein Aufnahmeorgan für die mannigfachen Unterschiede (Farben) des Haupt- und des zurückgeworfenen Lichtes, und diese Lichtunterschiede sind die Bildner der Verschiedenheit aller Dinge, was ihre Form, Farbe und Schattierung betrifft. . .

Das *weiße* ungebrochene Licht ist noch gänzlich rein-ätherisch. Es ist in sich selbst ein Äther, der noch nichts anderes in sich aufgenommen hat. Ungeachtet dessen enthält er in ungeteilter Weise alles in sich, ähnlich wie das Wasser ein Träger all dessen ist, was die Erde nur immer aufzuweisen hat. Die weiße Farbe entspringt dem reinen Glauben. Wie aber diese Farbe als allerfeinst ätherischer Stoff alle anderen Stoffe oder Farben in sich birgt, so trägt auch der Glaube in feinster geistiger Substanz alles Unendliche des Reiches Gottes und des göttlichen Wesens selbst in sich. . .

Der *grüne* Lichtäther ist gewisserart hungrig nach Sättigung, nachdem er alle anderen ätherischen Stoffe verzehrte bis auf den grünen selbst, der darum auch ein ausstrahlender ist. Zufolge seines Hungers bekommt er sodann durch die weiße Farbe des Lichtäthers, der alles in sich enthält, eine vollkommene Sättigung, die sich endlich in einer rötlichen Färbung ausdrückt. Blikket in die Natur: Wie sieht da alles in unreifem Zustande aus? Grün! Aber dieses Grün als eine hungrige Farbsubstanz sättigt sich fortwährend mit dem weißen Lichte der Sonne. Wie spricht sich dann die völlige Sättigung aus, welche das eigentliche Reifsein der Früchte darstellt? Gewöhnlich zumeist in einer mehr oder weniger rötlichen Farbe, oder wenigstens in einer solchen, die der roten Farbe entstammt oder gar in dieselbe übergeht.

Die *blaue* Farbe ist nichts anderes als eine dunstige Umhüllung der roten Farbe. Daher gehen auf der Erde viele Früchte in ihrem Reifwerden in Blau über. Desgleichen gibt es eine Menge blauer Blumen, deren Farbe sich von der roten ableitet. Wer z. B. eine blaue Frucht, etwa eine Pflaume betrachtet, wird bald gewahr werden, daß die blaue Farbe nur ein äußerer flüchtiger Anhauch ist. Ihr dürft einer solchen blauen Frucht nur den Saft entnehmen, um zu erfahren, daß der Grund von Blau vollkommen die rote Farbe ist. Betrachtet die tiefblaue Kornblume mit einem Mikroskop, so werdet ihr aus den tausenden aneinandergereihten Kristallchen häufig eine vollkommen rote Farbe hervorblitzen sehen. Um diesen Zusammenhang von Blau mit Rot noch besser zu übersehen, überzieht mit einem sehr feinen Glasstaube eine rote Fläche; diese wird euch dann nicht mehr rot, sondern bläulich erscheinen! Noch deutlicher zeigt euch die Morgen- und Abendröte, wie da die blaue Färbung der Luft bei einer gewissen Strahlenbewegung leicht in Rot übergeht...

Gelb ist die vom Leben entfernteste Farbe, denn es ist die Farbe, die der Ruhe entspricht, während das Leben stetes Tätigsein bedeutet. Setzet einen Blumentopf für längere Zeit an einen völlig finsteren Ort und ihr werdet klar ersehen, wie sehr die grüne Farbe in eine weißlich blaßgelbe, also völlig in die Farbe des Todes übergegangen ist. Setzet ihr aber den Blumentopf wieder ans weiße Licht der Sonne, aber nicht zu jäh, so wird er wieder zu grünen beginnen, indem er außerordentlich hungrig nach einer reellen Sättigung geworden ist. Ebenso zeigt im Herbste sich das Verwelken der Blätter durch die gelbe Farbe an. Es ist klar, daß man hier nur die Farben der belebten Pflanzenwelt, nicht aber die der Mineralien verstehen muß, da im Mineralreich die Farben gefestigt und wie vollkommen gefangen und gerichtet erscheinen...

Die Sättigung zwischen Grün und Weiß spricht sich in der Naturwelt ebenso gut durch die rote Farbe aus, wie die durch den Glauben (weiß) genährte Hoffnung (grün) vollkommen in die Frucht der Liebe (rot) übergeht. Die Hoffnung verzehrt sich beständig und gelangt nie zu einer Kraft, wenn sie nicht eine rechte Nahrung erhält durch den festen Glauben. Jede Art von Verzweiflung hat ihren Grund in einer völlig aufgezehrten Hoffnung. Aus diesem Grunde kommen solche Menschen jenseits zumeist in einer *dunkelgrünen* Farbe zum Vorschein, die bei entsprechender Hoffnungslosigkeit in eine schimmelgraue oder gar in die vollkommen *schwarze* Farbe übergeht. Eigentlich ist letztere gar keine Farbe mehr, wie auch kein Licht, sondern ein völliger Mangel an allem.

Wohl strahlt die grüne Farbe ihr Grün aus und verzehrt alles andere des ätherischen Farbentums. Dies aber ist auch das Charakteristische der Hoffnungen. Auch die Hoffnung nimmt alles mit Begierlichkeit auf und malt sich das Gehoffte in den buntesten Farben aus. Wer aber sucht begieriger reellen Trost, also moralische Sättigung einer verhungerten Hoffnung, als ein hoffnungslos gewordener Mensch? Bringet ihn an den Strom des geistigen Lichtes und er wird da in vollen Zügen aufnehmen, was ihm vorerst am meisten mangelt. Daraus ist klar zu ersehen, wie die Hoffnung durch den Glauben stets mehr und mehr gesättigt werden kann. Wird ein Mensch gewahr, daß die Sättigung durch einen wahren Glauben eine vollkommene ist, so wird er heiteren Mutes werden und den Geber mit der Glut seiner Liebe ergreifen. Eben diese Liebe drückt aber schon eine völlige Sättigung aus. Denn in der *Liebe* ist die Kraft des Glaubens *und* der Hoffnung schon zu einer realisierten Reifung gediehen...

Von allen Farben des Lichtes ist die *grüne* die intensivste und kräftigste. Daher durchdringt sie in der Natur die gesamte Pflanzenwelt und strahlt aus ihren Zweigen und Blättern hervor. Die *blaue* Farbe ist die am wenigsten intensive (nur Umhüllung von Rot!), weshalb von ihr auch am wenigsten verzehrt wird. Daher ist die Luft stets von dieser Farbe erfüllt, so daß entfernte Landschaften und Gegenstände stets etwas blaugefärbt erscheinen . . .

Blau, weiß oder rot gefärbt sind die ersten Anfänge einer jeden Pflanze, ehe sie aus der finsteren Erde emporsteigt. Aber kaum erreicht sie das Licht mit seiner Strahlenbrechung und erregenden Kraft, so beginnt ein anderes Leben. Das fahle Blasse wird gefärbt zu *Grün* in allen Schattierungen, der Individualität der Pflanze angemessen. Immer ist das Licht der Anreger zu weiterem Wachstum; es bildet sich die Knospe, die Blume, die Frucht. Was die Blätter an Farbenpracht einsaugten und dann nur als grüne Farbe zurückstrahlen, das geben sie nun wieder verfeinert in den verschiedenen Farben der Blume zurück, indem sie hier das Grüne für sich behalten und die anderen Farben ausstrahlen. Neben diesem Farbenspiel ist das Licht noch als Wärmeentwickler der Hauptfaktor, der das Ätherische in den feinen Säften der Gewächse herauszieht und sich euch durch den süßen Saft oder den feinen Geruch der Früchte kundgibt.

Die Farben auf der Erde sind darum noch unvollkommen ausgebildet, weil hier die Strahlen der Sonne noch zu intensiv und daher wenig gesondert auf den Boden einfallen. Färbung ist allzeit eine Folge der Lichtbrechung. Zwar sind auch die Blumen der Erde mit allerlei leuchtenden Farben geschmückt, doch geht ihnen jener lebendige Glanz ab, welcher die Farben in den geistigen Sphären kennzeichnet. Hier nehmen die gleichen Farben einen ganz anderen Charakter an. Ein sanftes Schillern reizt das Auge des Betrachters immer von neuem. Bei der leisesten Wendung treten stets neue Farbennuancen hervor. Auch hier gibt es ein Rot, Grün, Blau, Violett, Gelb usw., wie auch die verschiedensten Übergänge aller Farben. Wer aber kann die Basis setzen für jede Farbe und deren Grundton bestimmen? Wer kann sagen, welches das Grundrot ist innerhalb aller Rotvarianten: Ist das Dunkelrote mehr Grundrot oder das Lichtrote?

Welches Rot ist eigentlich das reinste Rot? Ist es das Blutrot, das Rosenrot, ist es Purpur, Scharlach oder Karmin? Alles trägt den Sammelnamen *Rot* und sieht einander doch nicht gleich. Solche Unterschiede besitzt nun eine jede Farbe; wo wohl ist der Grund einer jeden? Auf der Erde mag dies wohl niemand bestimmen können. Hier in der geistigen Welt aber erblicken wir wirklich die *Grundfarben.* Und diese tragen jene Eigenschaft, die man einer reifen Ananasfrucht zuspricht: daß sie jeden Geschmack in sich berge, den man sich bei ihrem Genuß einbilde. So wechseln auch die Farben je nach dem Wunsche des Beschauers.

Und so sehen wir hier Farben, die nicht selten wie aus dem Hintergrunde hervorstrahlen, und sie haben ein so sonderbares Schillern, daß man z. B. im Rot alle seine Arten auf einmal erschaut. Welches Rot man sich am stärksten vorstellt (hängt von der seelischen Beschaffenheit ab! D. Hg.), dasselbe sticht auch im Augenblick am meisten hervor, ohne jedoch das eigentliche Grundfarbenwesen des Rot zugrunde zu richten. Von ähnlichen Farben und solchen Eigenschaften läßt sich in der dichten Materie niemals etwas vorfinden. Wohl gibt es auch auf der Erde lauter geteilte und gebrochene Farben, aber von einer Grundfarbe, die alle ihre Nuancen in sich faßt, ist nichts wahrzunehmen. Zwar gibt es mannigfache Schillerungen im Wesen jeder Farbe, doch kommt bei jeder Wendung eine ganz andere Farbe zum Vorschein. Hier aber schillern in der Rotfarbe nur alle Arten von Rot gleichzeitig durch, in der grünen alle Nuancen von Grün usw. durch alle Farbabstufungen hindurch. Daneben finden sich in wunderbarer Weise noch ganz neue, fremde Farben, die auf der mageren Erde noch niemals vorgekommen sind. Denn auf der Erde ist alles nur Stückwerk: ein matter, höchst gebrochener Schimmer von der Herrlichkeit der jenseitigen Welten, wo wir alles in Grundüberfülle zu erschauen vermögen! —

Licht — Liebe — Leben

(Eine Kundgabe des Inneren Wortes, empfangen durch Gottfried Mayerhofer.)

„Wie wenig wißt ihr darüber zu sagen, was das Licht in Wahrheit ist! Nur wenige fühlen in sich den Drang, darüber nachzusinnen, was eigentlich ein Lichtstrahl bedeutet, der doch in jeder Sekunde, da er eure Augen trifft, euch von den Wundern der Schöpfung Kunde vermittelt.

Ihr wißt nur, was euch die äußere Wahrnehmung bietet: Licht entsteht durch Schwingungen der Atome, und Farben sind verschiedene Schwingungszustände der Materie, hervorgerufen durch Brechung des Lichtes. Je nach der Zahl dieser Vibrationen werden sie eurem Auge wahrnehmbar oder bleiben euch unsichtbar und können zu einem kleinen Teil nur durch eure Meßinstrumente nachgewiesen werden.

Was aber regt die Materie an zu vibrieren? Was gibt ihr Leben, das sich durch solch heftiges Erzittern offenbart! Seht, hier tritt das Grundprinzip der ganzen Schöpfung in Erscheinung: Das bewegende Element, das alles durchdringt und in ungeheuren Schwingungen den ganzen unendlichen Ätherraum beben macht, ist *Mein Wille!* Es ist also durchwegs nichts materiell Bedingtes, sondern rein Geistiges. Nichts Vergängliches, sondern unendliches, ewiges Leben! Dieses Geistesleben Meines Ich gibt sich entsprechend Meiner *Liebe* als *Wärme* und entsprechend Meiner *Weisheit* als *Licht* zu erkennen. Ohne Meinen allmächtigen Willen würde kein Atom im ganzen All erzittern, kein Wärmestoff entwickelt und kein Lichtstrahl ausgesandt werden.

Und warum geschieht dies alles? Weil das Licht *Leben* und die Finsternis den Tod bedingt. Undenkbar wäre Leben, wo Dunkel waltet, das mit träger Ruhe gleichbedeutend ist und alles in einem Zustande verharren ließe, der keiner Entwicklung mehr fähig wäre. Ihr habt noch nie begriffen, was wirkliche Finsternis ist. Denn wenn ihr nicht mehr seht, so ist das noch keine wahre Finsternis, sondern nur ein für eure Sehorgane relativer Mangel an Licht. Es gibt doch viele Tiere, die noch sehr gut sehen, wenn es für euch tiefste Nacht ist. Wo also diese Tiere sehen, da muß auch Licht vorhanden sein, nur eben nicht in jenem Maße, nach dem ihr die Begriffe Licht und Finsternis qualifiziert. Dasselbe gilt für die Wärme: Wer von euch kann je bemessen, wo Wärme aufhört, d. h. das Wärme bewirkende Vibrieren der Lichtatome endet? Auch in euren kältesten Polarregionen herrscht noch Wärme, wenngleich ihr diese als Kältegrade feststellt. Absolute Kälte und Finsternis existieren somit nirgends in einer Schöpfung, deren Erschaffer Ich als das Leben selbst bin!

Licht ist geistig gleichbedeutend mit *Erkenntnis*. Denn wie im Naturlichte ein Erkennen der Gegenstände, ein sehendes Wahrnehmen möglich ist, so entspricht auch Erkenntnis dem Bewußtsein: Ich erkenne mich und kann die mich umgebende Welt beurteilen. Dieses Erkennen, das den Geschöpfen, seien es Geister oder Körperwesen, ihren eigenen moralischen Wert verleiht, kann nur im geistigen Lichte Meines Ich möglich sein, da in der Finsternis weder ein geistiges noch weltliches Erkennen denkbar wäre. Beachtet daher in der Schöpfungsgeschichte der Bibel Mein Wort „Es werde Licht!" in seiner ganzen Bedeutung! Denn ohne die lichte Tageshelle kein materielles Leben, und ohne Geisteshelle kein höheres Leben. Nur im Lichte können die millionenfachen Wunder wahrgenommen werden, die Meine Allmacht bekunden, und nur im Lichte ist ein Schöpfer in seiner Offenbarung als liebender Vater erkennbar.

So war das erste Schöpfungswort der Impuls alles Werdens, der erste Gedanke zu einem geistigen Lichtreich und auch der erste Anfang einer materiellen Weltenschöpfung. Licht, als geistige Entsprechung, die Erkennung alles Wesenden, war notwendig. Und eben dieses Machtwort, das alle Atome erzittern ließ und alle Geister des Äthers in Tätigkeit versetzte und damit Leben und Wärme hervorrief, wirkte auch in den Himmeln. Es zeugte dort die Abkömmlinge, die — sich ihrer selbst bewußt — im Lichte Meine ewige Liebe erkennen sollen. Von Mir ausströmend, durch alle Räume dringend und alles belebend, schuf Mein Licht auch die materielle Welt und kleidete Geister in Materie, um sie daraus wieder unter anderen Verhältnissen zu befreien.

Mein Liebewort „Es werde Licht!“ gab den Impuls, daß diese im Stoff eingekleideten Geister sich des Ursprungs erinnerten. Sie verstanden nun, *warum* sie das Körperkleid anziehen mußten und warum sie wieder nach Befreiung davon streben müssen. So ist durch Licht die Welt erst sichtbar geworden und bildet für das geistige Auge kein materielles Konglomerat von Stoffen, sondern eine große Prüfungsschule. Hier gelangen Geister nach verschiedenen Stufen der Bewußtwerdung dahin, von wo sie ausgegangen sind: zu Mir, dem Schöpfer, der alles mit gleicher Liebe schuf, erhält und zur Vollkommenheit führen will.

Weltenlicht ist Weltenleben. Licht belebt alle Materie und die darin schlummernden Geister. So ist das Licht, das eine Welt der anderen zusendet, nichts anderes als das freudige Erzittern der Materie, erregt durch die Wärme als Entsprechung der Liebe. Es gibt den eingeschlossenen Geistern Kunde von der Hand dessen, der sie zwar in den Stoff bannen mußte, aber sie auch wieder daraus befreien will. Dieses lichtverbreitende Vibrieren strahlt von der Geisterwelt in die materielle Welt herüber und offenbart sich bis in die entferntesten Sonnen des Alls.

Wenn ein Lichtstrahl aus fernsten Fernen zu euch dringt, so bedenket: Wäre das *Auge* nicht selbst von Sonnennatur, nie könntet ihr die Sonne wahrnehmen. In euren Augen ruht schon in den verschiedenen Feuchtigkeiten eine Lichtwelt, die — dem vom ganzen Universum euch zugesandten Lichte homogen (artverwandt) — in euch den gleichen Lebensprozeß hervorruft, den das Licht in der ganzen Schöpfung bewirkt. Euer Sehorgan ist einer jener Vermittler, welche die Seele vom materiell Sichtbaren zum geistig Unsichtbaren erheben. Daher das Sprichwort „Das Auge ist der Spiegel der Seele“. Denn wie in eurem Auge sich von außen die Materiewelt abspiegelt, ebenso leuchtet von innen eine geistige Welt daraus hervor. Auch materielles Licht vermag geistiges Licht zu erwecken, denn das Licht zeigt euch die Wunder Meiner Schöpfung, um geistiges Erkennen damit hervorzurufen.

So redet die ganze Natur, so rede Ich zu euch, damit ihr begreift, daß Licht gleichbedeutend mit *Erkenntnis* ist, entsprechend dem höheren Bewußtsein des Menschen: „Ich bin nicht von dieser Welt, sondern ein Himmelsbürger, nur hierhergestellt, um meine Fähigkeiten zu wecken und zu entwickeln. Ich bin erkoren, ein Kind des Schöpfers zu werden!" —

Es werde endlich Licht auch in euren Herzen! Licht ist Wahrheit und Liebe, ist Wärme und Begeisterung für das Göttliche. Dazu soll auch dieses Wort beitragen und euch zeigen, wie selbst in wissenschaftlichen Entdeckungen stets geistiges Licht verborgen liegt. Aber es offenbart sich nur dem, der inmitten materieller und chemischer Prozesse die Notwendigkeit erkennt, damit Geistiges zu erfassen.

Nicht Neugierde soll euch treiben, sondern Wißbegierde nach göttlichen Dingen soll euch beseelen. Je mehr ihr wissend erkennt, desto mehr Licht entfaltet sich in eurem Innern. Und je finsterer es in der Außenwelt wird, umso mehr wird ein jeder der geistigen Leuchte bedürfen! Darum heißt es „Wachet und betet, daß ihr nicht dem Todesschlafe der geistigen Finsternis anheimfallet!" Geistiges Licht wird euch auch die kommenden Ereignisse eines Weltgerichtes weniger schrecklich fühlen lassen, denn das Licht *in* euch ist Gnadenlicht aus Mir. Es leuchtet desto heller, je mehr sich das Weltlicht verdunkelt. Vertrauet euch daher Meinem Geistlichte an und ihr werdet in Bälde ersehen, daß dieses Licht der Liebe und Gnade euch durch alle Prüfungen leiten wird, die als Finsternis und Schatten dem neuen Tage vorangehen.

So wie das Licht, wenn es als erster Strahl der Morgensonne auf die kalte Erde fällt, alles belebt und erwärmt, setzt auch das geistige Licht alle geistigen Fähigkeiten in Bewegung, um seine Mission zu erfüllen. Sogar die ganze Tierwelt mit wenigen Ausnahmen fühlt den ersten Lichtstrahl und überall regt es sich in und auf der Erde. Alles wendet sich freudig dem wieder-

kehrenden Lichte entgegen, denn in ihm ist Leben und von ihm hängt alles Leben ab. Selbst in den Polargegenden des Nordens und Südens, wo alles unter dem Einfluß der großen Kälte fast erstarrt, ist das Licht der einzige Zeuge der Natur, während sonst nichts Zeichen von Leben und Wärme gibt.
Überall ist Licht gleichbedeutend mit Erweckung von Leben. Und gerade in der höchsten Atmosphäre, wo jedes animalische Leben unmöglich geworden ist, da ist die Werkstätte der Allmacht, die ewig erneuert, was millionenfach täglich auf Erden verbraucht wird. Im weiten Ätherraum ist es ebenso: Nur das Licht durchkreuzt mit seinem schnellen Fluge die Finsternis. Lichtstrahlen von Milliarden Sonnen und Welten begegnen sich dort. Da gibt ein Strahl dem anderen ab, was er selbst nicht mehr benötigt und was über unermeßliche Weiten hinaus einer anderen Sonne samt ihren Trabanten geistige Nahrung zuführt, damit jedes Einzelne sich im Ganzen erhalte. Der Lichtstrahl allein ist es, der mit seiner positiven und negativen Polarität (Elektrizität) die ganze Schöpfung erhält und ihrem Ziele der Vollendung entgegenführen hilft.

Von all diesem großen Schöpfungsleben gäbe dem Erdenmenschen nichts Kunde, wäre nicht der flüchtige Lichtstrahl, der euer Auge trifft. Wie wenige aber kennen den wahren Wert des Lichtes und seine geistige Entsprechung! Und doch könnte das geistige Licht dem Menschen fruchtbare Lehren geben. Wäre er nur fähig, dieselben aufzunehmen und zu begreifen, so würde er bald wahrnehmen, wie alles Gute, Wahre und Schöne daraus hervorkeimt.

Wie das Licht mit seinen sieben Farben in der sichtbaren Welt wirkt, so belebt auch die *Liebe* als das Licht Gottes — sich in ihren Eigenschaften dem Menschen tätig zeigend — dessen Lebenswandel und lehrt ihn, den Schöpfer als den liebenden Vater Seiner Kinder zu erkennen. Ist diese geistige Harmonie zur Wirklichkeit geworden, so werde Ich nicht mehr in die unendlichen Räume Mein Wort „Es *werde* Licht!“ ertönen lassen, denn dann wird es überall Licht geworden sein — im Inneren der Herzen, wie auch im Äußeren der materiellen Welt, wo sich dem geistigen Auge beim Suchen nach der Wahrheit und beim Schauen Meiner Werke kein Fleck ohne Licht mehr entgegenstellen wird.

Licht, Leben und Liebe: das wird das Kleeblatt der Dreieinigkeit sein, das euch zu Mir in die geistigen Himmel führen wird. In jenes ewige Reich, wo der Seligkeiten kein Ende ist!" —

DIE WELT DES TONS

Über das Wesen des Tons findet sich nur im Werke „Der Saturn" eine zusammenhängende Darstellung der geistigen Grundlagen dieser Erscheinung, die gleichfalls der Sphäre des Äthers angehört. Zwar zählt im weiteren Sinne auch die menschliche Sprache zu diesem Gebiet, doch sollen Eröffnungen hierüber erst in einem späteren Bande Aufnahme finden. Der Niederschrift Lorbers wurde hier noch eine durch Gottfried Mayerhofer empfangene Kundgabe über die Musik beigefügt. — D. Hg.

Eines der Mittel, einen Ton zu erzeugen, ist das Anschlagen einer Saite, die über ein gehobeltes hohles Brett gespannt ist. Was ist da wohl die Ursache der tönenden Wirkung? Was bewirkt eigentlich den Ton: die Saite oder das glatte Holzbrett? Weder das Brett noch die Saite allein für sich, sondern beide gemeinschaftlich bringen jene Wirkung hervor. Das gehobelte Brett als ein zusammenhängendes Ganzes hält alle nur denkbaren Formen zur Bildung des Tones in steter Bereitschaft. Die darüber schwingende Saite aber ruft diese Formen je nach ihrer Spannung wohlunterscheidbar hervor. So ist das Brett der *Inhalt* aller Tonformen, während die Saite darüber fähig ist, dieselben zu erwecken und in die vernehmbare Erscheinlichkeit überzuführen. Damit jedoch solches möglich ist, muß doch zwischen dem Hohlbrett und der Saite eine unleugbare Harmonie obwalten, die aus dem Zusammenwirken zweier polarischer Ursachen entsteht.

Wer dabei auch die Luft als ein Mittel zur Bildung jener Töne betrachten wollte, dem kann gesagt werden, daß bei der Hervorbringung irgendeiner Wirkung unmöglich je mehr als nur zwei Polaritäten in einen gegenseitig produzierenden Konflikt treten können. Das Medium, hier die Luft, kann niemals als eine Ursache angesehen werden, sondern nur als ein *Weg,* auf dem diese Wirkung in Erscheinung tritt. Oder sind Äther und Luft zwischen der Sonne und einem Planeten etwa dasjenige, das da bewirkt das Licht? Sind nicht vielmehr auch sie nur der Weg, durch den das Sonnenlicht zu jenen Planeten gelangt, die fähig sind, das sie überkommende Licht aufzunehmen? Auf diese Weise dürfen wir auch die Luft bei der Tonbildung nicht als bewirkende Ursache, sondern nur als ein weiterleitendes Mittel betrachten, durch das die zwischen Brett und Saite gebildeten Tonformen vom Ohre wahrgenommen werden können.

Ihr müßt euch unter „Ton" überhaupt nicht den Klang denken, sondern eine ätherische *Form,* die durch einen gewissen Grad von Schwingungen irgendeiner glatten und elastischen Fläche entlockt wird. Der Klang an sich ist nur Zeuge, daß hier durch regelmäßige Schwingungen eines vibrierenden Körpers die Formen eines anderen, ihm zu Grund liegenden Körpers entwickelt worden sind. Obschon ihr in der Tonkunst bewandert zu sein glaubt, so seid ihr nahezu in keinem Fache unwissender als eben in der Welt der Töne. Denn davon versteht ihr nicht mehr, als was die Würmer verstehen, die an der toten Rinde eines Baumes nagen. Zwar stellet ihr mehr oder weniger kunstvoll einzelne Töne verschiedener Höhe und Tiefe zusammen und ergötzt euch an dieser Musik. Wer von euch aber hat es sich dabei je einfallen lassen, daß der Ton eine der wunderbarsten *Formen* ist? Wenn ihr irgendeinen Ton singt oder mit einem Klanginstrument hervorbringt, so wißt ihr den Ton zu benennen und seine Oktave zu bestimmen, ebenso nach der Klangfarbe, durch welches Instrument der Ton bewirkt wurde. Gestehet, ob ihr vom Tone viel mehr wißt, außer daß ihr noch die Qualität des Tons taxiert und sein Verhältnis zu anderen mit dem Ohr bemeßt, ob ihr Zusammenklingen wohl- oder mißtönend ist! Damit aber seid ihr mit dem Ton auch vollkommen fertig, ohne zu ahnen, *warum* die Töne auf euer Gemüt solch große Wirkungen hervorbringen.

Darum sei hier etwas Weniges über den Ton selbst gesagt. Ihr wißt, daß über das gleiche Brett mehrere Saiten gespannt werden können. Eine jede Saite wird nach dem Grade ihrer Spannung einen Ton von verschiedener Höhe von sich geben — und das alles auf ein- und demselben Brett! Wenn aber aus diesem Brett alle nur denkbaren Nuancen von Tönen hervorgerufen werden können, so müssen daselbst doch unendlich viele Formen verborgen vorhanden sein, die durch jeden möglichen Grad der Saitenspannung vernehmbar in Erscheinung treten können. Betrachtet ihr das Brett an sich, was findet ihr darauf? Nichts als eine gleichförmige glatte Holzfläche. Und bei den Saiten nichts als einen gleichförmigen elastischen Faden entweder aus Metall oder aus Darm. So bemerkt ihr nichts als zwei platte Einförmigkeiten, aus denen sich kaum etwas herausphilosophieren läßt. Und dennoch liegt darin eine solche Mannigfaltigkeit, daß davon alle Tondichter von Davids Zeiten her noch nicht den milliardsten Teil in ihren Kompositionen aufgegriffen haben, da doch diese *äußeren* Töne an sich im Hinblick auf den eigentlichen *wahren* Ton nichts anderes sind, als da ist die tote Rinde eines Baumes gegen dessen inneres, unsichtbares geistiges Leben.

Was also ist demnach der Ton in Wahrheit? Er ist ein Sich-Kundgeben der endlos vielen harmonischen geistigen Formen, wie diese der Materie innewohnen oder wenigstens (durch den Äther) in diese hineinragen. Demnach ist das resonierende Brett eines Klanginstruments eine unendliche Welt voll geistiger Formen. Und wenn ihr z. B. einen Ton unter dem Namen c oder a angeschlagen habt, so hat sich durch den einfachen Klang nichts weniger als eine ganze Schöpfung mit einer unzählbaren Anzahl von Wesen aller Art für euer Ohr einförmig vernehmbar gemacht. Ihr aber hängt nur an dem, was ihr als Klang wahrnehmt; was aber hinter dem Vernommenen steckt, das beachtet ihr nicht. Und wenn euch bei Akkorden oder nacheinander folgenden Melodien auch eine große Ahnung ergreift und euch die geistig lebendigen Formen förmlich am Genick packen, so seid ihr noch blind und nagt nur an der Rinde, ohne bei jedem einfachen Ton zu bedenken, daß eben durch den Ton eines *alleinigen Wortes* alle Dinge hervorgegangen sind, welche die ganze Unendlichkeit erfüllen!

Damit möget ihr euch einen kleinen Begriff machen, was wirklich ein *Ton* ist, und wie unterschieden seine große Bedeutung vom einförmigen *Klang* ist, den ihr Ton nennt. Da wir zuvor von den harmonischen Verhältnissen ausgegangen sind und dargelegt haben, wie zwischen einem glatten Brett und einer gespannten Saite eine stete Harmonie waltet, deren Wirkung im Äußeren wahrnehmbar wird, — so soll auch jener Harmonie gedacht werden, die sich zwischen zwei noch so entfernten Weltkörpern vorfindet. (Siehe dazu auch Keplers „Harmonie der Sphären" und Goethes Faust „Prolog im Himmel"! D. Hg.)

Denkt euch die Sonne als das resonierende Brett und die Planeten als die darüber gespannten Saiten. Werden nun diese um das resonierende Brett der Sonne schwebenden Planetensaiten durch das von der Sonne ausgehende Licht angeschlagen, so nehmen sie damit alle in der Sonne schon zu Grunde liegenden Formen auf und setzen sie dann in die äußere formelle Erscheinlichkeit um. Dieselbe Ursache, die auf eure Erde einwirkt und auf ihr alle Formen der Naturwelt in Erscheinung treten läßt, bewirkt auch auf den anderen Planeten das gleiche. Nehmt z. B. ein siebenoktaviges und zugleich ein fünfoktaviges Klavier, so wird das mehroktavige sicher noch tiefere und höhere Töne aufweisen als das minderoktavige Instrument. Wenn aber das siebenoktavige Klavier mit seiner Skala da eintritt, wo des fünfoktavigen Instruments tiefster oder höchster Ton liegt, so wird es dennoch, mit demselben gleichtönend, die Tonleiter harmonisch ebenso fortsteigen oder fallen lassen wie das fünfoktavige Klavier. Nur werden natürlich die Töne des größeren Instruments stärker und ausgebildeter klingen als die des kleineren Instruments. Und damit will verstanden sein, daß auch die Formen aller Planeten einer Sonne miteinander in jener gemeinsamen Harmonie stehen, wie sie beim Tone sich aus der harmonischen Polarität zwischen dem Brett und den Saiten ergeben hat ...

... Was die Formentwicklung der Töne betrifft, so müssen polare Gegensätze vorhanden sein. Diese stoßen sich und wo sie sich berühren, da werden sie im Äther als *Formen* wahrnehmbar und machen ersichtlich, was sie sind und bedeuten. Es entwickelt zwar jeder Ton für sich schon eine bestimmte Form einfachster Art. Aber diese wird erst dann als Gebilde sichtbar, wenn sie sich gewisserat auf eine vorangehende Form stützen kann. Auf der Erde hat die Musik als eine Folge von Tönen eine starke Formwirkung. Die Zuhörer werden dadurch oft unwillkürlich in ihrem Gemüt in ganz fremde Regionen und Sphären versetzt. Das bewirken die Formen, die durch verschiedene Tonkombinationen in der Seele erzeugt werden und Zustände hervorrufen, die sie geistig in solche Regionen versetzt, die aus jenen aufgetauchten Formen gebildet sind. —

*

(Mayerhofer „Über die Musik":) Die Gefühls- oder geistige Sprache, die nicht mit Worten ausgedrückt werden kann, weil deren Ursprung von der Kreaturwelt unverstanden nur geahnt werden kann, nennt ihr allgemein „Musik". Aber ihr kennt nicht ihre geistige Bedeutung, was sie ist, warum sie da ist und welches ihre eigentliche Grundursache ist.

Wenn eine Seele sich von erhabenen Gefühlen durchströmt den Einflüssen der Natur hingibt, soweit diese durch das Gehörorgan in ihr Inneres dringen, so sind die durch die Schallwellen ans Ohr gelangenden Töne gleichfalls erhabener Art. Sie erwecken dann in dem im Zentrum der Seele wohnenden *Geiste* eine Sehnsucht nach seiner früheren, eigentlichen Heimat. Die Seele empfindet damit etwas, das einer Art geistiger Lust nahekommt, aber von ihr in Worten, Zeichen, Bildern und Formen nicht dargestellt werden kann. Dieses Zusammenströmen verschiedener Töne, nach Rhythmus, Tiefe und Höhe gegliedert, ist eben das, was ihr unter „Musik" kennt. Es ist ein Vibrieren des Geistes innerhalb seiner kleinen Zelle, ein Erzittern vor Wonne. Hervorgebracht durch die Schwingungen der Luftwellen, die sich gleichfalls angeregt aneinander reiben, entbinden diese Vibrationen die gebundenen harmonischen Geister der in der Luft weilenden Elemente und rufen damit einen oder mehrere Töne hervor. Im Trommelfell des Ohres angelangt, erwecken diese gleichgestimmte Gefühle im Inneren des Geistmenschen, der sodann solche Gefühle auch der Seele und sogar dem Körper mitteilt. Indem diese Töne als ein reingeistiges Produkt wieder nur einem Geiste mitgeteilt und nur von diesem verstanden werden können, ist die Tonsprache der Seele nicht direkt zugänglich. Noch zu wenig mit dem Geiste verbunden, kann selbe deren Bedeutung wohl ahnen, sich jedoch nicht deutlich machen. Deswegen geht die Musik mit ihrer großen Gewalt über das menschliche Herz unverstanden über diese Erde hinweg. Die Erhabenheit fühlt fast ein jeder, aber das Warum weiß keiner!

Ihr habt nun verschiedene Musikinstrumente erfunden, die geeignet sind, das Vibrieren der angeregten Luftwellen aufzufangen oder ähnliche Töne selbst hervorzubringen, d. h. ein ähnliches Erzittern ihrer Bestandteile zu bewirken, indem auch dort sich gebundene gleichgesinnte Geister lösen. Dieses Vermischen mit den freien Geistern der Luft gibt dann jedem Instrument seinen eigenen Klang, wobei in manchen Instrumenten ganz verschiedene Umstände zusammenwirken müssen, um den rechten und bezweckten Ton zu erzeugen.

Da Ich als Schöpfer aller Welten keine tote Natur erschaffen habe, so legte Ich auch in die Organe der schon höher entwickelten und Gefühl empfindenden Tiere Einrichtungen, die das Hervorbringen von Tönen erlauben. Solche Tiere bedienen sich bei ihren dumpf ahnungsvollen Stimmungen dieser Tonsprache, um ihren Gefühlen Ausdruck zu geben. So seht ihr die Singvögel nach ihrer Art Mir Dank bringen, wenn durch die Wärme, oder was gleichbedeutend ist, durch die empfundene Liebe ihr Inneres vor Freude erzittert. Könntet ihr die verschiedenen Loblieder der fliegenden, summenden und zirpenden Welt verstehen, die im Frühling bei neuerwachter Naturtätigkeit und täglich beim Aufgang der Sonne Mir entgegenströmen — wahrlich, ihr euch weise dünkenden Menschen müßtet euch beschämt zeigen wegen eurer Gottlosigkeit und Hartherzigkeit!

Ihr müßt auch wissen, daß kein von euch erfundenes Instrument anderswo seinen Grund hat als aus der Natur der geschaffenen Wesen selbst. Aufmerksame Beobachter der Tierwelt waren es, die den Musikinstrumenten ähnliche Einrichtungen gaben und sie immerwährend verbesserten, bis daraus eure heute gebräuchlichen Instrumente entstanden. Hauptsächlich bei Blasinstrumenten diente als Norm die menschliche oder tierische Kehle. Im Kehlkopf ist die ganze Vorrichtung bis in die Luftröhre hinein ein System vibrierender Apparate — wie die knorpelartigen Kreise im Kehlkopf selbst, ferner die Stimmritze mit der in sie hineinragenden kleinen vibrierenden Zunge —, die beim Tönen durch das Erzittern der Luftsäule im Inneren der Luftröhre und durch ihre eigenen Schwingungen jene Töne erzeugen, welche die Seele hervorbringen will. Am Gewölbe des Gaumens anprallend, erhält dann der Ton seinen eigentlichen charakteristischen Laut oder Klang.

Was dort die Stimmritze, sind bei den Streichinstrumenten die meist s-förmigen Einschnitte im Holze. Die gewölbten Wände entsprechen dem Gaumen als Resonanzboden usw. So werdet ihr bei genauer Betrachtung eines jeden Toninstruments als erstes Grundprinzip stets das menschliche oder tierische Stimmorgan erkennen. Da aber wie die Größe des Organs auch die Stimme verschieden sein muß, und besonders bei Vögeln der Mund anders, nämlich schnabelförmig gebildet ist, so wird auch dort der Ton wieder so modifiziert, wie er jedem Singvogel eigentümlich ist.

Ein großer Unterschied zur Modulation der Töne ist der, daß bei Mensch und Tier die eingeatmete Luft eine andere als die ausgehauchte ist. In der einzuatmenden Luft liegen andere Elemente gebunden, die im Körper eingesaugt, verarbeitet und chemisch zersetzt werden. Beim Singen der Vögel z. B. ist der Klang meist aus den Elementen der eingeatmeten *und* ausgehauchten Luft zusammengesetzt, d. h. aus für Vögel belebenden und abgestorbenen Elementen. Der Ton des Gesanges einer jeden Vogelart ist eben darum verschieden, weil er beim Einatmen zwar die gemeinsame Luft, beim Ausatmen jedoch nur das für ihn Unbrauchbare ausstößt. Dieses Ausgestoßene aber ist bei jedem Tier etwas anderes, ebenso beim Menschen. Damit ist der Schall, welchen diese ausgestoßenen Stoffe in ihrer Vereinigung mit den Luftelementen hervorbringen — neben den verschiedenen Gesangsorganen — auch ein sehr unterschiedlicher.

Seht, es ist noch ein weiterer Grund, der in der Natur auf den Gesang großen Einfluß nimmt. Ihr wißt, daß die meisten Singvögel auf der nördlichen Erdhalbkugel arm an Federn und Farben sind, während auf der südlichen Erdhälfte die Vögel an Farbenpracht ihre nördlichen Mitgeschöpfe bei weitem übertreffen, jedoch an Gesang so dürftig bedacht sind, daß gerade die meist gezierten das häßlichste Geschrei erheben. (Hier dient auch der Pfau als nördliches Beispiel!) Und dieser Umstand hat wiederum in der geistigen Erklärung der Musik seinen tiefen Grund.

Die nördliche Erdhalbkugel mit dem Nordpol ist jener Teil, der aus dem weiten Ätherraum das Geistige für die Erde einsaugt. Der Südpol mit seinem Wulstgebirge ist der Ort, von wo das von der Erde Verbrauchte sich wieder in den Ätherraum ergießt. Nun entspricht der nördliche Teil dem oberen Teil eines menschlichen Körpers, wo Kopf, Herz und Lunge ihren Sitz haben. Andererseits ist die Erde oben männlich-positiv und unten weiblich-negativ, d. h. im Norden ist das Geistige und im Süden das Materielle vorherrschend. So verteilt der Süden seine Lebenskräfte gepaart mit den verbrauchten Kräften des Erdinneren und befördert wohl den äußeren, materiellen Wuchs, während im Norden das Äußere vernachlässigt scheint, wobei jedoch die innere geistige Natur desto mehr gedeiht.

Daher stammt also die große Gesangskunst der Vögel im Norden und die große Farbenpracht derselben im Süden. Hier im Norden herrscht der göttlich eindringende Strahl des großen Geistmenschen, und dort im Süden jener des Weltenmenschen. Hier Weisheit, dort Form! Hier Geist, dort Materie!

Wenn ihr euch nun hinausschwingen wollt, die Sphärenharmonie der einander umkreisenden Welten zu belauschen, so würdet ihr auch dort diese Gegensätze bemerken: Dort im Kopfe und im Herzen Geistespracht und im unteren Teile der Welten Farben- und Formenpracht. Hier Liebesleben, dort Verstandesleben. Und weiter hinauf bis in den geistigen Himmelsmenschen wird der Ton stets verfeinert, stets harmonischer, reiner und klangvoller, indem dortselbst das geistige Leben herrscht und nur noch die Sprache des Gefühls gesprochen und verstanden wird. Dort im großen Geistesmenschen, wo die Musik ihre höchste Reinheit erreicht hat, dort im Zentrum ist dann in Mir als dem Allumfassenden der ewig schöpferische Ton in Meinem Ich personifiziert. Dort vibriert alles, Licht und Äther, Farbe und Ton, und im Wonne-Erzittern steigert sich das geistige Leben bis zu seiner höchsten Potenz. Dort ist nur *ein* Ton als Grundton, der allem als Basis dient, und dieser Ton bin Ich, euer Schöpfer und Vater!

Nachwort

Welch ein Schritt von der nüchternen Definition der Naturwissenschaft „Licht ist eine Energieform, hervorgerufen durch Veränderung eines elektromagnetischen Kraftfeldes“ bis zu jenen geistigen Darlegungen, die uns das Licht als Erreger und Träger alles geschöpflichen Lebens offenbaren! Welches Weltbild, das das Wesen und die Entstehung des Lichtes aus der lebendigen Tätigkeit der Äther- und Naturgeisterwelt hervorgehen läßt; die überall dort wirkt und schafft, wo das irdische Auge nichts als Körpergebilde erblickt, welche nur begrenzende Außenhüllen seelischer Inhalte sind!

So gesehen gewinnt auch die indische Lehre, daß alle Materie nur *Maya,* d. h. Täuschung und Illusion ihrer Betrachter sei, einen tiefen Wahrheitsgehalt. Ein Weltbild des Geistes kennt keinen toten Stoff, keine unbelebte anorganische Materie, sondern erkennt sogar in jedem Atom den Ausdruck eines lebendig gestaltgewordenen Gedanken Gottes. Diese Weltbetrachtung zeigt weiter, daß auch der Raum mehr ist als eine bloße geometrische Dimension; sie lehrt, daß das All in seiner ganzen Unendlichkeit vom *Äther* durchflutet wird, der gleichsam der lebendige Hauch der Gottheit ist. Sie legt dar, daß der Äther den Urstoff, die „Prima materia“ darstellt, aus dessen Verdichtung sich sämtliche Lebensgebilde formen als die Körperwelt aller Naturreiche. Und sie deutet die Erscheinung des Lichtes als den gewaltigen Offenbarer tätigsten Geistlebens, das alles Gestalthafte beseelt und höherentwickelt.

Gewiß ist Licht „eine Energieform“ — wie die Wissenschaft behauptet. Was aber ist Energie selbst? Schlicht und einfach definiert die Physik: „Die Fähigkeit, Arbeit zu leisten“. Gehen wir jedoch auf den ursprachlichen Kern dieses Wortes zurück, so ergibt sich aus en = innen, und reg = erregen der gleiche tiefe und letzte Sinn vom Wesen des Lichtes, wie ihn das Schrifttum Lorbers enthüllt: Licht ist das Produkt einer *inneren* Erregung! Was aber innen ist, das ist *Geist!* Und so ist den bezüglichen Schilderungen dieses Bandes nichts mehr hinzuzufügen.

Wenn somit das Licht vom Geiste ausströmt (wozu ja auch in der Natur „die Geister“ zählen) — so ist es ein Urphänomen der Schöpfung und kann im Grunde nur vom Schöpfer selbst seinen Ausgang nehmen. Hierfür bildet auch das Wort der Genesis „Es werde Licht“ den Beweis für jeden, dessen Denken und Fühlen vom inneren Lichte des Geistes erhellt wird. Und es sind die meist unbeachteten Wahrheiten der Sprache, daß sie Geistiges in scheinbare Symbole kleidet, die im metaphysischen Sinn dennoch höchste Wirklichkeit sind. So z. B. wenn sie von „Sonne im Herzen“ redet und einem hellen Geist das Attribut „erleuchtet“ beilegt.

Es ist ferner das Strahlen des Geistes, das auch die Naturforschung zu stets neuen und höheren Erkenntnissen befähigt. So wie die ganze Menschheit zu Beginn des neuen Zeitalters in einer Wandlung sondergleichen steht, eröffnen sich auch der Wissenschaft von heute immer neue und tiefere Einblicke in die Bausteine der Materie. Was der griechische Philosoph *Heraklit* mit dem Spruch „Panta rhei“ (Alles fließt) aussagte, war das Werk innerer Erleuchtung: ein Blick in das Wesen des Äthers und seiner ewigen Bewegung, die sich uns durch das Licht kundgibt. Schon verwischen sich heute für den Forscher die Grenzen zwischen fester Materie und strahlender Energie — einer Kraftäußerung geistiger Potenzen, deren äußerste Erregung sich im unerträglichen Lichtblitz gezündeter Atombomben nur allzudeutlich ankündet. Es wäre lichtvoller, der Mensch spielte nicht mit diesem Feuer, dessen Licht ebenso wie seine Wärmeentwicklung von der Urkraft entfesselter Naturgeister Zeugnis ablegt . . .

Und der *Ton*? Auch er — den wir irdisch nur als Klang oder Schall wahrnehmen — entspringt geistiger Erregung lebendiger Kräfte. Damit ist er dem Lichte verwandt und folgt jenen Gesetzen, die ihm das göttliche WORT, dieser UR-Ton aller Schöpfung vorzeichnet. Was von seiner gestaltgebenden Formbildungskraft durch Lorber geoffenbart wurde, entspricht uralten Geisteslehren. Auch die Macht des Tones kann mißbraucht werden, und die geheime Überlieferung lehrt, daß eine entartete Magie hierdurch den Untergang des Kontinents *Atlantis* herbeigeführt hat. Hier sei auch an den „Tonmotor" des Amerikaners *Keeley* erinnert, der um die Wende des vorigen Jahrhunderts durch Erzeugung bestimmter Tonfrequenzen und Dissonanzen ganze Felsen zu Molekülen zertrümmerte — bis er endlich selbst ein Opfer seiner Experimente wurde und dank einer weisen Vorsehung sein Geheimnis mit ins Grab nahm.

Wie aber das Licht des Geistes ewig gleich und hell erstrahlt, so gibt es auch in der Tonsymphonie des Weltalls nur Harmonie und Ordnung wie am ersten Tage. Und wenn die Gestirne ihre Bahnen ziehen, bilden sie in ihrem gegenseitigen Umkreisen nicht auch Formen und Figuren, denen nach Lorber geistige „Töne" zugrundeliegen müssen? Die dichterische Einfühlung eines Goethe ließ ihn für den Beginn seines „Faust" die Worte finden: „Die Sonne *tönt* nach alter Weise ..." Zweifellos empfand sein Geist dabei die innere Einheit von Licht und Ton, von der eingangs gesprochen wurde. Beide sind die mächtigen Verkünder einer den Erdensinnen verborgenen Welt, die für den Menschen der gegenwärtigen Entwicklungsstufe zumeist noch unsichtbar und unhörbar bleibt. Sie steht außerhalb von Raum und Zeit und ist dennoch die wahre „Wirklichkeit", weil aus ihr heraus der schöpferische Geist wirkt. Alle Materie, alles Irdische ist nur ein Gleichnis davon. Und dennoch lebt der Mensch selbst als verkörpertes Geistwesen mit jedem Atemzug mitten in jener Welt, in deren Sphären er mit seinen geistseelischen Organen hineinragt. Aber er läßt das innere Licht und den inneren Ton nicht in seine Sinnenwelt dringen. Er hat Augen, ohne zu sehen, und Ohren, die nicht hören ...

Indessen gibt es eine Brücke, um zumindest ahnungsweise eine Welt zu begreifen, die anderen Gesetzen als denen von Raum und Zeit folgt. Es ist die Welt der *Träume*. Hier beschaut die Seele Bilder voller Licht und Farben, die *in* uns urständen, und hört Worte und Töne, die nicht von außen an uns herandringen. Diese Traumsphären sind Realitäten: wirklich, aber in einer anderen Bewußtseinsstufe als der unseres Tagesdenkens.

Wenn es in der Einleitung dieses Büchleins hieß: „Um diese Mitteilungen voll zu fassen, müßt ihr erst ganz aus der Materie in den Geist übertreten. Dann werdet ihr erkennen: das *Geistige* eines Dinges ist die Wahrheit" — so können wir zu diesem Übertritt manches beitragen. Trachten wir, mit reinem Willen zur Wahrheit, mit Liebe und mit Ehrfurcht vor den Schöpfungswundern Gottes an diese naturgeistigen Offenbarungen heranzutreten. Dann werden sie zu einem *Licht*, das statt totes Wissen lebendiges Weistum erweckt, und zu einem *Ton*, der im Gemüt eine frohe Resonanz finden wird! Der Herausgeber.